Corinna Kohröde-Warnken

Mein
pinkfarbenes
Leben

Corinna Kohröde-Warnken

Mein pinkfarbenes Leben

mit Gott und Krebs

Vier-Türme-Verlag

Bibliographische Information der Deutschen Nationalbibliothek

Die Deutsche Nationalbibliothek verzeichnet diese Publikation in der Deutschen Nationalbibliographie. Detaillierte bibliographische Daten sind im Internet über http://dnb.d-nb.de abrufbar.

1. Auflage 2016
© Vier-Türme GmbH, Verlag, Münsterschwarzach 2016
Alle Rechte vorbehalten

Umschlaggestaltung: Thomas Uhlig, www.coverdesign.net
Umschlagmotiv: wavebreakpremium / Fotolia.com
Druck und Bindung: CPI Books GmbH, Leck
ISBN 978-3-7365-0001-3

www.vier-tuerme-verlag.de

INHALT

Vorwort · 9

Briefe, Blogs und pinkfarbene Schuhe · 11
   Leben in pinkfarbenen Schuhen · 13

Briefkasten-Tante · 18

Ordnung schaffen · 20
   Pinkfarbenes Leben · 21

Auf der Suche · 23
   Reden ist Silber, SCHREIBEN ist Gold · 24

Begegnungen · 25
   Marienberg (Dörnwasserlos, Franken) · 27

Reiselust · 29

Im Auge des Betrachters · 31
   Spieglein, Spieglein an der Wand ... · 32

Schuhe · 34
   Emergency Room · 35

Familie · 36
   Hildegard von Bingen · 40

Himmel, Tod und Ärzte · 42
   Tot sind immer nur die anderen · 42 | Zahnarztbesuch · 45

Werkzeug · 47
   Seele in Not · 50

Ralf · 51
   Blaue Stunde ... · 54

Gut oder böse? · 56
   Staffellauf · 58

Freundinnen · 61
   Himmelsgarten (Bamberg) · 63

Vorbereitung und Vorträge · 65
 Literaturkurs · 55

Gewinn und Verlust · 68
 Erwartungen · 69

Existenzberechtigung · 71
 Tag der Jogginghose · 72

Angst · 74
 Bad Hair Day · 76

Mama · 78
 Mütter · 79

Kindheit · 81
 Jahresringe · 83 | Rosenbilder · 84

Berge und Bayern · 86
 Dirndl 2.0 (Chiemgau) · 88

Neugier · 90
 Zugfahrt · 91

Farben · 93
 Herbstspaziergang · 94 | Bistrogespräch · 96

Martin · 98
 Wesentlich · 99

Logik, Sinn und Wissenschaft · 100
 Star Trek · 101

Krankenschwestern · 102
 Ich sehe dich · 104

Franken, Schrauben und ein Lebenstraum · 106
 Samstagsgroßeinkauf · 108

Familie · 110
 Biografie · 112

Hundeleben · 114
 Rala · 115

Seelenknoten · 117
   Offene und geschlossene Türen · 118

Kommunikation und Kühlschränke · 119
   Der Kühlschrank · 120

Alter Hut · 122

Engel · 123
   Lachender Engel (Bamberg) · 125

Zahlen und Empfindlichkeiten · 126
   Jeder zieht sich den Schuh an, der ihm passt · 127

Lehrerin · 129
   Lehre und Leere · 131

Maßstab · 132
   Portfolio · 133

Feste feiern · 135
   Fünfzig · 136

Spiel des Lebens · 138
   Mensch-ärgere-dich-nicht · 139

Urteile · 141
   Vorurteil · 143

Gedankengänge · 145

Lachen · 146
   Leergut · 148

Einbruch · 149
   Download · 150

Schwedenreise · 153
   Perlen · 154 | Knoten · 157

Gesundheit! · 159
   Yoga · 161

Papa · 162
   Gruppendynamik und Sucht · 165

Liebe · 167
  Gegensätze · 169

Berge · 171
  Franken – mon amour · 171 | Alpen · 173

Malte · 174
  Märchen · 175 | Abflug · 177

Jahresende · 178
  O-Antiphone · 179 | Das »kleine Schwarze« · 181

Vaterunser · 183
  Baba Yetu Yetu Uliye Mbinguni Yetu Yetu Amina · 184

Neue Brillen · 186
  Disney-Methode · 187 | Luxusprobleme · 189

Gute Nachrichten · 191

Geduldsproben · 195
  Telefon-Terror · 195

Organisation · 197
  Schreibwaren · 199 | Karla Kolumna · 201

Kleines Glossar medizinischer Begriffe · 203

Danksagungen · 205

Vorwort

Meine Lieblingsfarbe ist grün – wie die Hoffnung.

Vielleicht fragen Sie sich, warum dann dieses Buch »Mein pinkfarbenes Leben« heißt und pinkfarbene Schuhe das Cover zieren. Beim Lesen werden Sie sogar feststellen, dass einige Texte in Pink gedruckt sind. Das ist aber schnell beantwortet: weil mit pinkfarbenen Schuhen mein neues Leben begann.

Mein altes endete im Herbst 2007 mit meiner ersten Krebsdiagnose. Danach kam die Krankheit fast fünf Jahre zum Stillstand, bis sie im Sommer 2012 erneut ausbrach. Ich wurde innerhalb von vier Wochen zweimal operiert, weil sich zusätzlich Metastasen in der Leber gebildet hatten.

Die pinkfarbenen Schuhe kaufte ich mir zu Beginn der nachfolgenden Therapie. Sie erschienen mit nötig, um meinen langen, beschwerlichen Weg gehen zu können. Die Chemotherapie blieb erfolglos und meine Überlebenschancen waren eigentlich gleich null. Schließlich entschloss ich mich, ein noch wenig erprobtes Medikament zu nehmen und nichts weiter zu tun als zu hoffen, zu glauben und einfach jeden einzelnen Tag zu leben.

Kurz darauf schrieb ich einen Fachartikel für eine Pflegezeitschrift über meine Erfahrungen als Patientin im Krankenhaus – obwohl ich seit fast dreißig Jahren erst als Intensivschwester, dann im Krankenhaus-Management gearbeitet habe. Daraus entstand mein Blog www.pinkfarbenesleben.de. Einige Beiträge daraus, die mir wichtig waren, sind hier im Buch in Pink eingefügt.

Um meine Gefühle zu sortieren und weil ich in meinem Glauben immer Halt gefunden hatte, sprach ich in dieser Zeit viel mit Gott – in Form von Briefen an ihn. Das Schreiben wurde zur Therapie, Ablenkung, Reflektion, Selbstfindung und Selbstverwirklichung für mich – meine neue Aufgabe. »Nur« krank zu sein, konnte ich nicht ertragen. Ich wollte etwas tun. Und schreiben konnte ich schließlich auch auf dem Sofa und im Liegen, wenn es mir nicht so gut ging.

Gott ging während dieser ganzen Zeit neben mir. Ich hatte immer das Gefühl, es war das Lebenswichtigste für mich, mit ihm im Gespräch zu bleiben. Eine E-Mailadresse hatte ich nicht und so wählte ich die altmodische Form und schrieb Briefe. In ihnen spiegelt sich mein ganz persönliches Verständnis von Gott als Vater und Freund. Vielleicht haben Sie, liebe Leserin, lieber Leser, eine andere Sicht darauf, vielleicht ist Gott für Sie ein ganz anderer. Aber ich möchte hier auch niemanden mit meiner Sicht bekehren, es geht mir nur darum zu zeigen, dass Gott mir so, wie ich ihn erlebt habe, das Leben gerettet hat. Wie er wirklich ist, werde ich sehen, wenn ich ihn eines Tages treffe.

In den letzten drei Jahren habe ich viel erlebt. Diese Zeit war geprägt von dem Bewusstsein, dass mir vielleicht nicht mehr sehr viel Lebenszeit bleibt. Viele der Erlebnisse und Begegnungen in dieser Zeit verarbeitete ich in meinen Blogbeiträgen. Oft waren es nur Kleinigkeiten, die mich beschäftigten, aber man wird aufmerksamer für diese kleinen Dinge, wenn man sich mit der eigenen Endlichkeit auseinandersetzt – auseinandersetzen muss. Dann kann es nämlich schon ein Thema sein, ob man das begonnene Buch noch zu Ende lesen kann – oder eben nicht.

Heute stehe ich in einem neuen, ganz anderen Leben als vor drei Jahren. Es ist wunderbar, so, wie es jetzt ist. Jeden einzelnen Tag, den ich geschenkt bekomme und der noch vor mir liegt, genieße ich aus purer Dankbarkeit.

Ich wünsche mir, dass meine Sichtweise auf die Ereignisse für die Leser dieses Buches vielleicht eine Inspiration sein kann, einmal bei Gott anzuklopfen. Er antwortet. Ich habe es selbst erlebt.

Corinna Kohröde-Warnken
November 2015

Briefe, Blogs und pinkfarbene Schuhe

Hallo Gott,

ich weiß, ich muss dir keine Briefe schreiben, denn du kennst jeden Gedanken von mir, bevor ich ihn gedacht habe. Dass du jetzt eine Menge Briefe von mir bekommen wirst, hast du somit auch gewusst, denn du hast mir ein Talent geschenkt: Das Talent, mit Worten zu spielen und zu schreiben. Das habe ich schon früher ausprobiert. Ich schrieb nicht an dich, sondern Märchen für meinen Sohn Malte – und eigentlich auch schon immer Tagebuch.

Warum ich dir jetzt schreibe? Wahrscheinlich kennst du die Antwort besser als ich. Reinhold Messner meinte auf die Frage, warum er so viele hohe Berge besteigt: »Weil sie da sind«. Die Antwort auf die Frage, warum ich dir schreibe, müsste analog lauten: »Weil ich es kann, denn du hast mir dazu das Talent geschenkt!«

Ich müsste auch nicht schreiben, ich könnte einfach beten, denn das ist ja DAS Gespräch mit dir. Aber das Schreiben ist einfach *meine* Art, mit dir zu reden, und ich hoffe, dass das o.k. für dich ist.

Ich bin 2007 das erste Mal krank geworden. Ich hatte eine große Krebsoperation, anschließend eine Interferon-Therapie und eine Bestrahlung. Es war ein Schock. Der Zeitpunkt war denkbar ungünstig. Ich hatte gerade mit Ralf ein Haus gekauft und Malte war erst 14. Ich wollte ihn durchs Abi bringen, und so handelte ich mit dir aus, dass ich mindestens so lange überleben müsse. Naja, ich habe es eigentlich nicht verhandelt. Ich habe es von dir gefordert, Gott. Und du hast mich überleben lassen. Fast fünf Jahre. Da hatte ich schon fast vergessen, dass ich einmal dem Tod ziemlich nahe war.

Du wirst dich daran erinnern, dass ich dir in diesen fünf Jahren wieder deutlich nähergekommen bin. Wirklich weg von dir war ich aber auch vorher nicht, aber du warst eher eine »graue Eminenz« im Hintergrund, die meine Werte und Normen geprägt hat. Aber richtig zugehört habe ich dir wohl nicht.

Nach der ersten Diagnose waren Besuche bei dir im Gottesdienst wieder etwas häufiger und ich versuchte, intensiver mit dir ins Gespräch zu kommen. Ich wurde wieder weitgehend gesund, und mein Leben lief ohne große Veränderungen und Einschränkungen wie zuvor weiter. Ralf hat mich ein gutes halbes Jahr nach der Operation geheiratet und wir feierten ein tolles Fest in unserem Garten. Ich war glücklich! Sehr! Meine Karriere im Krankenhaus-Management nahm weiter Fahrt auf, Malte machte seinen Weg und wurde langsam erwachsen, wir reisten viel. Eigentlich hatte sich nicht viel verändert. Außer ... du warst wieder da!

Natürlich warst du immer da. Immer bei mir und um mich herum. Geschützt und geborgen war ich, auch wenn ich nicht daran dachte. Aber nach der ersten Diagnose wusste ich, dass da noch mehr sein muss. Etwas, das über das irdische Leben hinausgeht.

Ich wollte Spuren hinterlassen, und mein zweites Buch erschien. Das Schreiben war mir immer wichtig. Ich glaube, dass du dir auch dabei etwas gedacht hast, Gott. In manchen Dingen versage ich – oft in menschlicher Hinsicht, aber häufig auch bei praktischen Dingen. Die Spuren, die ich hinterlassen kann, finden sich aber wohl nicht in den Buchstaben und Worten, sondern eher in der Erinnerung meiner Mitmenschen.

Vor etwa drei Jahren bin ich erneut krank geworden und hatte innerhalb von vier Wochen wieder zwei schwere Operationen. In dieser Zeit hast du im Krankenhaus, wenn ich nicht schlafen konnte, an meinem Bett gesessen. Das weiß ich ganz genau! Ich war in diesen langen, dunklen Nächten nicht immer nett zu dir. Ich war zornig, traurig und voller Angst. Und ich konnte dich nicht verstehen! Nein, ich wollte dir auch nicht zuhören. Und ich wollte nicht nach dem »Warum« fragen, weil ich wusste, dass ich darauf keine Antwort bekomme. Zumindest keine, die ich verstehen konnte. Ich verbot mir regelrecht, diese Frage auch nur im Ansatz zu denken ... Obwohl ich sie ja damit schon gedacht hatte. Na gut, ich gebe es zu: Ich verdrängte sie. Diese nicht gedachte Frage hast du bis heute nicht beantwortet. Aber wenn wir uns begegnen, wird es die erste Frage sein, die ich dir stellen werde.

Im Krankenhaus schrieb ich wieder Tagebuch. Schreiben ist heilsam. Es ging mir während der anschließenden medikamentösen Therapie nicht immer gut genug, um zu schreiben, aber eine Idee (ein Gedanke von dir, Gott?) wurzelte in mir, und der Frühling würde kommen, um sie wachsen zu lassen.

Eine Anfrage von einer Fachzeitschrift, ob ich über meine Erfahrungen im Krankenhaus berichten wolle, war der erste Schritt. Und ich wette, Gott, dass du dem Redakteur diese Idee zugeflüstert hast. Stimmt's?

Leben in pinkfarbenen Schuhen

Lange Zeit hatte ich keine Lust, Schuhe zu kaufen – das ist bei mir ein wirklich schlechtes Zeichen. Vor ein paar Wochen, als der Frühling zu ahnen war, war es aber wieder soweit. Ich verliebte mich in neonpinkfarbene Schuhe. Von einer Freundin erntete ich ein fassungsloses Kopfschütteln und eine hochgezogene Augenbraue. Na und? Früher hätte ich mich vielleicht geärgert – jetzt zählte nur, dass ich mich darüber freute. Was interessiert mich jetzt noch, was andere über mein Outfit denken? Wenn ich Lust darauf habe, laufe ich im Ballkleid durch die Fußgängerzone. Alle sehen doch, das ich 10 Kilo weniger wiege, dunkle Ringe unter den Augen habe und meine Haut durchscheinend ist von den starken Medikamenten. Ich bin mit einem Hämoglobinwert von 10,4 entsprechend blass. Da braucht man doch erst recht ein bisschen Farbe! Mein krankes Aussehen wird allerdings nicht kommentiert. Ist das Höflichkeit, Angst, etwas Falsches zu sagen, oder

Empathie? Ich weiß ja, dass ich aussehe wie eine Krebskranke – aber dann wenigstens mit Schuhen, die pink sind!

Im Juli vergangenen Jahres hatte ich nach der Erstdiagnose 2007 die »Fünf-Jahres-Schallmauer« fast durchbrochen. Dann die erneuerte Diagnose: Rezidiv! Das PET-CT sprach Bände, so wie das Gesicht des Radiologen, als er sagte: »Ich habe leider nicht so gute Nachrichten für Sie.« Fast hätte ich gelacht, wäre da nicht dieses Gefühl gewesen, ich hätte ein Glas Eiswasser auf ex getrunken. Mein Kopf sagte mir, dass ich jetzt Fragen stellen musste – wie es weitergehen sollte, ob es noch eine Therapie für mich gäbe und ob überhaupt noch eine Operation sinnvoll wäre. Aber eigentlich wollte ich nur weg – nach Hause, in meine Höhle, um mich wie ein weidwundes Tier zu verkriechen, um zu sterben. Aber nein, ich will noch nicht sterben, ich bin eine Kämpferin und habe noch so viel vor! Doch was liegt jetzt alles vor mir? »Lohnt« es sich, durch die ganze »Therapiemühle« zu gehen?

Ich war schon immer ein gläubiger Mensch. In Zeiten wie diesen habe ich erst recht Trost und Hilfe im christlichen Glauben gefunden. »Von guten Mächten wunderbar geborgen, erwarten wir getrost, was kommen mag. Gott ist mit uns am Abend und am Morgen, und ganz gewiss an jedem neuen Tag« – diese Zeilen schrieb Dietrich Bonhoeffer aus seiner Gefängniszelle, als er durch seine NS-Verfolger ebenfalls vom Tod bedroht war. Wunder, Spontanheilung, Remission – darum haben meine Familie, Freunde und ich gebetet. Es war natürlich trotzdem nicht immer leicht – aber, wie der ehemalige tschechische Staatspräsident Václav Havel einmal sagte: »Hoffnung ist nicht die Überzeugung, dass etwas gut ausgeht, sondern die Gewissheit, das etwas einen Sinn hat, egal, wie es ausgeht.«

Die schwierigsten Gespräche sind die, bei denen man in die hilf- und fassungslosen Gesichter der engsten Angehörigen blickt. Es schmerzt unendlich, wenn man ins Bodenlose fällt und dabei auch noch seine Familie mitreißt. Für mich war es gut, profane Dinge vor der Operation regeln zu können. Ein wirkliches Krankheitsgefühl hatte ich nicht, aber es lässt einen atemlos werden, zu wissen, das »Etwas« in einem wächst – noch dazu rasend schnell –, das da nicht hingehört und das Leben bedroht. Wie gut tut es dann, sich ans Telefon zu hängen und mit der Krankenkasse über die Kostenübernahme des zweiten PET-CTs zu verhandeln. Was aber tun die Menschen, die das selbst nicht (mehr) können? Wenn man sich in einer solchen Situation auch noch über Kosten von etwa 1800 Euro für ein Bild, das man eigentlich gar nicht haben will, auseinandersetzen muss, ist das für den einen Fluch, für den anderen Segen. Ich jedenfalls wurde dadurch abgelenkt und konnte aktiv meinen Weg mitgestalten.

Krankenhausaufnahme – vertraut und doch fremd. Patientin, nicht Kollegin. Natürlich sehe ich sofort, was alles nicht klappt, und bin entsprechend genervt. Ich habe aber zu diesem Zeitpunkt keine Energie und Kraft, mich zu Wort zu melden. Ich bekomme ein Zimmer, in dem – gefühlt – 42 Angehörige über den auszufüllenden Speiseplan lamentieren. Tatsächlich waren es nur drei: zwei junge Frauen, deren Handys ständig klingelten, und ein kleines Kind, das sich gerne mit mir über meine anstehende Operation unterhalten wollte. Nach entnervenden zwei Stunden schleiche ich doch zu einer Schwester und versuche ihr schonend beizubringen, dass sie mich in ein anderes Zimmer verlegen muss oder ich andernfalls mein Bett selbst auf den Flur schiebe. Natürlich weiß ich, dass nachmittags noch mehr Aufnahmen für den morgigen OP-Plan anstehen, die vorbereitet werden müssen. Mir ist das in diesem Moment völlig egal, denn ich bin zornig und verzweifelt, und ich will einfach nur meine Ruhe. Ich kassiere einen ebenfalls genervten Spruch, werde dann aber doch noch in ein anderes Zimmer verlegt, in dem eine stille, nette Frau liegt, die ebenfalls ihre Ruhe will und auch morgen operiert wird. Welch ein Geschenk! In diesen Momenten wird man demütig und für Kleinigkeiten dankbar.

Die Nacht vor der Operation bin ich unruhig. Zwischendurch schlafe ich offensichtlich doch ein, denn ich erschrecke, als ich um 5 Uhr von der Nachtschwester geweckt werde, um mich zu duschen und »anzuziehen«. Der Frühdienst kommt, um mir mein Dormicum zu bringen. Es wirkt schnell, und ich werde ruhiger. Trotzdem frage ich mich, ob ich wohl wieder aufwachen werde, der Operateur nicht zu viel Rotwein getrunken und die Anästhesieschwester keine Beziehungsprobleme hat und unkonzentriert ist. Ich habe einen Pfleger, der meine Frage, ob ich Propofol bekomme, mit »Ah, das kennen sie von Michael Jackson!« beantwortet. Dann weiß ich nichts mehr. Es war wie bei einem Radio, das man ausschaltet – Stille von einer Sekunde zur anderen. Beim Aufwachen ist es genau anders herum – ich höre meinen Namen und bin glockenwach. Ordnungsgemäß beantworte ich die Frage nach meinem Namen und dem heutigen Datum richtig. Ich schaue auf die Uhr gegenüber und stelle fest, dass die Operation 6,5 Stunden gedauert hat. Ich will Details wissen, aber ich sehe den Redon und spüre den riesigen Verband. Mein Steiß und meine Fersen tun mir wahnsinnig weh, mehr als die Wunde. Ich weiß nicht, wie ich liegen soll, und eine sehr nette, hilfreiche Schwester lagert mich ständig um, wäscht mir das Gesicht und cremt meine aufgesprungenen Lippen ein. Zudem gibt sie mir einen Waschlappen, damit ich mir die Hände abwischen kann, ohne dass ich extra darum bitten muss. Ich spreche ein Dankgebet und sehe sie nie wieder – Schichtwechsel. Zwischendurch döse ich immer wieder ein, bekomme die kleinen und großen Dramen um mich herum mit, Dinge, die ich gar nicht hören oder sehen will, denn der Paravent bietet nur ein gewisses Maß an Schutz.

Die Tage nach der Operation rauschen vorbei und sind geprägt von schmerzhaften Verbandwechseln und Besuchen meiner besorgten Familie. Ich bin fit genug, um meine weitere Therapie zu verhandeln und mit meinem Onkologen den schnellen Beginn der Chemo zu vereinbaren. Dazu werde ich in ein anderes Krankenhaus verlegt. Unmittelbar vor dem Therapiebeginn soll ein Kontrast-CT gemacht werden, um einen Ausgangsstatus zu dokumentieren. Das hatte ich irgendwie verdrängt, und ich habe fast mehr Angst vor dem Kontrastmittel als vor der Chemo. Ich hatte in meiner aktiven Zeit als Krankenschwester einmal erlebt, dass jemand einen anaphylaktischen Schock bekommen hat, nachdem ihm ein Kontrastmittel verabreicht wurde, und will jetzt nicht an so etwas sterben, wenn ich gerade dabei bin, den Krebs zu bekämpfen.

Solche Emotionen sind rational natürlich nicht erklärbar, aber manchmal denken Patienten nicht logisch, sondern sind einfach nur voller Angst. Ich unterschreibe trotzdem meine Einverständniserklärung, und es ist natürlich gar nichts passiert. Zwei Stunden danach wird die erste Chemo angehängt. Bei jedem Tropfen spreche ich ein Bittgebet: dass ich keine Nebenwirkungen spüre, dass es wirkt, dass meine Haare nicht ausfallen, und nochmal, dass es wirkt. Ich denke an unsere Urlaube, meine Familie und daran, dass ich leben will. Auch hier habe ich eine sehr einfühlsame Pflegekraft an meiner Seite, die sehr oft nach mir sieht, meinen Arm mit der Braunüle so lagerte, dass ich es bequem habe, und mir eine Decke bringt. Patienten, die Angst haben, frieren, selbst wenn es draußen 30 Grad sind.

Der Rest der Geschichte ist schnell erzählt, auch wenn Himmel und Hölle dazwischen liegen. Tage voller Hoffnung, Tage und Nächte voller Angst und Verzweiflung. Tage, an denen es gut geht und (fast) keine Schmerzen da sind, ein normaler Alltag möglich ist. Und Tage, an denen ich nur müde und schlapp bin und einfach schlafen möchte, mit der Hoffnung, dass sich beim Aufwachen alles nur als böser Traum herausstellt.

Die Chemo hat nicht gewirkt, wie sich bei dem Kontroll-CT herausstellte. Ein »Plan B« musste her. Ich soll eines dieser neuen immunaktivierenden Medikamente bekommen, die erst seit 2011 in Deutschland zugelassen sind. Es gab bisher nicht viele Erfahrungen damit und natürlich noch keine Langzeitstudien – jedenfalls nicht aus Deutschland oder Europa. Der Onkologe erklärt sehr ausführlich, welche Chancen dieses Medikament bietet. Ich lehne ab, doch er bittet mich, noch etwas länger zu überlegen und dann in zwei Tagen wiederzukommen.

Wir einigen uns auf eine Stunde, in der ich spazieren gehe und mit Gott und mir selbst verhandele. Es gibt keine in Worte fassbaren Begriffe, die auch nur annähernd verdeutlichen würden, wie zeitlos und doch eine Ewigkeit dauernd diese Stunde ist. Mein ganzes Leben, meine Wünsche, Träume, Hoffnungen – alles ist da. Ausgebreitet vor mir. Und der Wunsch, dass es einfach vorbei sein soll – nur noch ausruhen. Ohne Angst.

Das Therapieende ist jetzt fünf Monate her. Das Medikament hat gewirkt, zumindest eine Remission scheint erreicht zu sein. Bis auf eine behandelbare, allerdings recht einschränkende Nebenwirkung geht es mir gut. Ich weiß, dass nicht sicher ist, wie meine Geschichte ausgeht. Vielleicht sind es nur noch ein paar Monate, vielleicht sind es aber auch ein paar Jahre, die ich habe. Sie wird auf jeden Fall einen Sinn haben. Sterben müssen wir alle sowieso irgendwann. Manche haben mehr Zeit, manche weniger. Ich werde versuchen, so bewusst und intensiv, wie es nur irgendwie geht, die Zeit, die mir bleibt, zu genießen und zu leben. In pinkfarbenen Schuhen.

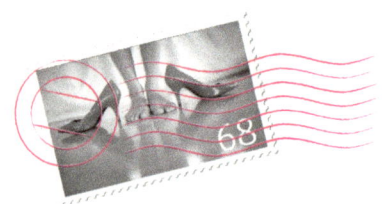

Briefkasten-Tante

Hallo Gott,

ja, die »pinkfarbenen Schuhe« sind so etwas wie ein Synonym für mein Leben geworden, für mein neues, geschenktes Leben. Leben – ganz bewusst. Das wollte ich, das erbat ich von dir. Hundert Mal, tausend Mal, jedes Mal vor einem neuen Untersuchungstermin. Die Sache mit dem Artikel über die »pinkfarbenen Schuhe« hast du gut eingefädelt, Gott. Manchmal führst du Regie, ohne dass ich es merke. Dinge und Begebenheiten nehmen ihren Lauf, und ich finde es ganz selbstverständlich, dass sich alles so fügt. Und dann wird mir plötzlich klar, dass du hinter dem »großen Ganzen« steckst.

Der Artikel schlug ein. Und zwar richtig! Ich bekam jede Menge Mails, und sogar die Redaktion erhielt viele Rückmeldungen. Und das kommt wohl nicht so häufig vor. Jedenfalls war ich über mehrere Wochen damit beschäftigt, zu antworten. Das war mir wichtig. Denn viele Menschen schilderten Erlebnisse aus ihrem Berufsalltag oder ganz persönliche Erfahrungen mit ihren Eltern, Partnern oder Kindern. Du hast mich ein bisschen zu einer »Briefkasten-Tante« gemacht, Gott. War das dein Plan? Ich setzte mich ziemlich intensiv mit der Beantwortung der einzelnen Mails auseinander. Richtig gut ging es mir da noch nicht. Ich war noch ziemlich »matschig« nach der anstrengenden Therapie und der Behandlung der Nebenwirkungen. Und »über den Berg« war ich noch lange nicht. Aber irgendwie schafften es die Mails, dass ich nicht nur um mich und mein Schicksal kreiste. Viele hatten Ähnliches oder gar Schlimmeres erlebt. Wobei – wer will das ermessen, was schlimmer ist?

Wenn ich so zurückblicke, Gott, war es gut, meinen Blick wieder zu weiten und nicht in der Begrenztheit der eigenen Krankheit zu bleiben. Aus manchen Mails und deren Beantwortung ergaben sich längere Gespräche. Ich lernte viel daraus. Begegnungen, auch wenn sie zu der Zeit noch überwiegend online stattfanden, sollten ein wichtiges Thema für mich werden. Damals zeigtest du mir schon den Anfang, auch wenn ich es noch nicht begriff. Ich hatte keine Ahnung, wohin du mich noch führen solltest.

Abschied vom Doktortitel

Danke, Gott,

dass du mir das Schreiben geschenkt hast. Im Studium schrieb ich gerne Hausarbeiten, meine Diplomarbeit floss mir aus der Feder, und ich begann sofort danach mit meiner Doktorarbeit, weil ich so gerne schrieb. Ja, ich weiß – meine Doktorarbeit werde ich nie fertig bekommen. Aber das ist jetzt nicht mehr wichtig für mich. Ich hatte schon länger keinen Spaß mehr daran, und es war sogar ein Ärgernis geworden. Ich wollte es schon vor der zweiten Diagnose beenden, hatte aber nicht den Mut dazu. Es steckte jede Menge Zeit, Arbeit und Energie darin. Und es wurde mir klar, dass es dir wahrscheinlich ziemlich egal ist, ob auf meinem Grabstein ein Doktortitel vor meinem Namen steht.

Es dauerte mal wieder ein Weilchen, bis ich das verstand. Einige Wochen nach der Therapie, an einem Tag, als es mir halbwegs gut ging, packte mich ein »Aufräumanfall« und ich sortierte eine Menge »Altpapier« aus meinem Schreibtisch aus. Als ich auf dem Boden hockte und sortierte, was weg kann und was ich aufheben wollte, fiel mein Blick auf die lange Reihe von grauen Ordnern. Darin ruhten die Recherche, das Exposé und schon so einige Seiten meiner Doktorarbeit. Ich fing an zu blättern und fragte mich, ob mein Mann oder mein Sohn die Sachen wegwerfen würden, falls ich sterben sollte. Irgendwann wahrscheinlich schon.

Kurzentschlossen befand ich, dass ich ihnen diese Arbeit ersparen konnte. Ich leerte etwa zehn prall gefüllte Ordner und bewahrte nur das Exposé auf. Die Altpapiertonne war voll – voll mit meiner persönlichen Eitelkeit. Irgendwie brachte mich das zum Lachen. Malte und Ralf waren ziemlich entsetzt, als ich ihnen davon erzählte, aber ich nehme an, dass du ziemlich stolz auf mich warst, dass ich diesen Teil meines Lebens endlich losgelassen hatte.

Ein bisschen später wurde mir immer klarer, dass ich ein neues »Projekt« brauchte, in dem ich meine Schreiblust unterbringen konnte. In den Gesprächen mit dem Redakteur hatte ich schon vom einem Blog erzählt, den ich vielleicht schreiben wollte, zum Beispiel über die Bestrahlung. Diese fand allerdings gar nicht statt, da eine Chemo nötig wurde, weil sich Fernmetastasen gebildet hatten. Aber die Idee mit dem Blog war in meinem Kopf. Vielleicht ein »Tagebuch-Blog«? Es war alles noch zu unkonkret, verschwommen, wie ein Traum, an den man sich nur noch in einzelnen, verzerrten Bildern erinnert. Aber definitiv da. Schreiben. Danach gierte ich richtig. War das der Antrieb, Gott, mich mit Energie zu erfüllen, um weiterzumachen? Mich nicht aufzugeben, loszulassen und einfach einzuschlafen? Hast du diese »Antriebs«-Schreibfeder in mir angelegt zur Eigenmotivation? Ja, da bin ich mir ziemlich sicher! Schreiben ist eine Gabe, dein Geschenk an mich – etwas Wunderbares!

Pinkfarbenes Leben

Dies ist sozusagen die »Fortsetzung« des ersten Beitrags und die Erklärung, warum der Blog »pinkfarbenes Leben« heißt und worum es darin gehen wird.

Nach dem Erscheinen der »pinkfarbenen Schuhe«, meinem Artikel in einer Fachzeitschrift, sind über drei Monate vergangen und es ist ein »pinkfarbenes Leben« daraus geworden. Es geht mir weiterhin ganz gut. Die Nebenwirkungen sind immer noch spürbar, und Aufregung gibt es besonders zu den Kontrollterminen. Das ist immer mit sehr viel Herzklopfen verbunden.

Ich habe viel erlebt, Gutes und weniger Gutes, ich habe gelacht und geweint. Und ich habe viel gelernt. Am meisten aus den Begegnungen mit Menschen. Es ist ein bisschen Ruhe eingekehrt in meinem pinkfarbenen Leben. Es gibt eine gewisse Routine, und das finde ich wunderbar. Das schafft auch den Freiraum für neue Dinge wie diesen Blog. Es gab sehr viele Rückmeldungen auf den Beitrag und ich habe versucht, alle Mails zu beantworten, aber ich hätte gerne weiter diskutiert. Das war einer der Gründe, warum ich diesen Blog schreiben möchte (und auf viele Kommentare hoffe).

Ich werde jede Woche mindestens einen Beitrag schreiben, wahrscheinlich eher zwei, je nach Tagesform. Ich werde über das Leben schreiben, aus unterschiedlichen Perspektiven – mal eher philosophisch-theologisch (mein Glauben ist der wichtigste Bestandteil auf meinem Weg zur Heilung), mal über »Krankenhauskram«, mal über Begegnungen, Alltagsdinge und auch mal wieder über Schuhe.

Ich glaube, dass das Leben wunderbar ist – denn es ist ein Geschenk. Dass mein Leben pink werden würde, hatte ich nicht erwartet. Ein normales Blau zum Beispiel wäre mir auch recht gewesen: ein Leben ohne Aufregung und ohne spektakuläre Ereignisse. Aber womöglich wäre ich dann unzufrieden mit so einem »blauen« Leben. Wir haben in den allermeisten Situationen die Wahl, welchen Weg wir gehen wollen. Manches können wir jedoch nicht beeinflussen und müssen versuchen, mit dem, was uns passiert, zurechtzukommen. Ich bin sicher, dass mir viele tolle Erfahrungen und Begegnungen nicht zuteil geworden wären, wenn ich ein »blaues« Leben führen würde. Also versuche ich doch, möglichst gut mit meinem pinkfarbenen Leben zu leben. In diesem Sinn: Carpe diem!

Auf der Suche

Hallo Gott,

da schenkst du mir ein Wunder und ich bin immer noch nicht zufrieden! Im Frühjahr und Sommer nach der Therapie erholte ich mich langsam, und die Ergebnisse waren und blieben stabil. Kein neues Wachstum! Doc M., der Onkologe, sprach sogar von Remission! Ich freute mich, dachte aber schon intensiv über Heilung nach. Ist das undankbar, Gott? Ja, ein Wunder war es wirklich, denn niemand hatte geglaubt, dass ich es bis Weihnachten schaffen würde. Zu schnell wuchsen die Metastasen. Und alle Statistiken sprachen dagegen. Ich erinnere mich gut, als Doc M. mich in einem Gespräch fragte: »Kann es nicht sein, dass Gott mich zu Ihnen geschickt hat, um Ihnen die Immuntherapie, die Sie nach dem Versagen der Chemo erst nicht mehr wollten, zu verabreichen?« Ich hatte mit ihm einige Male über dich gesprochen, und er ist eben Wissenschaftler. Wissenschaftlich bist du nun mal nicht begreifbar. Naja, ehrlich gesagt begreife ich auch mit meinem Glauben nicht immer, was du für mich bereithältst. Jedenfalls war dieser Satz ausschlaggebend, der neuen, relativ unerforschten Therapie zuzustimmen. Und auch das war sicher dein Impuls, da bin ich mir sicher! Warum sonst sollte ein Arzt, der jeden Tag mit Fakten, Zahlen und Analysen arbeitet und sich selbst als »nicht gläubig« bezeichnet, so etwas sagen? Wir sprechen auch jetzt noch oft über dich, wenn ich Untersuchungstermine habe. Und ich glaube, Doc M. sucht dich!

Jedenfalls habe ich dir immer gesagt, dass ich an Wunder glaube. Ich habe alle Heilungsgeschichten in deinem Buch gelesen, und ich fand sie alle gut! Sie wurden mein persönlicher Bestseller, ich las sie so oft, dass ich *wusste*: Ja, das kann auch mir passieren.

Und dann konnte ich meinen ersten Geburtstag nach der Diagnose feiern. Nein, eigentlich war jeder Tag wie Geburtstag für mich. Das machtest du mir ziemlich deutlich. Mit geschärftem Blick ging ich durch mein neues, geschenktes Leben und sah und hörte oft Dinge, die ich früher wohl übersehen hätte. Etwas später wurde die Idee, die du mir eingeflüstert hast, dann konkreter. Sie war nicht einfach da, der Gedanke wurde »geboren« – er reifte. Alles braucht eben seine Zeit. Und so wuchs die Idee des Blogs weiter. Ich recherchierte, surfte, las und machte schließlich einen Termin mit Todde, einem Web-Designer (und bekannten Musiker) aus einer Nachbarstadt.

Reden ist Silber, SCHREIBEN ist Gold

Gerade ist der Literaturkritiker Marcel Reich-Ranicki gestorben. Er wird als nicht sehr freundlich beschrieben. Seine Biografie ist beeindruckend – seine Lebensgeschichte dramatisch. Er liebte deutsche Literatur – allem voran die Werke von Thomas Mann. Günter Grass und Martin Walser waren nicht seine Favoriten. Er besprach Bücher – neue deutsche Literatur. Er lobte sie oder verriss sie. Was er wohl zum Bloggen sagen würde?

Wie komme ich dazu, in diesem Blog über Literatur zu schreiben? Wie bei so vielem, ist auch das Urteil über die Dinge abhängig von dem, der sie betrachtet. Manche mögen den »Zauberberg«, manche nicht. Ich habe schon einige Bücher gelesen. Manche haben mir gefallen, einige waren spannend, interessant, lehrreich oder auch mal trivial. Und ich kenne das gut, das »in Bücher hineinfallen«: Alles um sich herum zu vergessen und einzutauchen in eine andere Welt. Lesen verzaubert.

Ich frage mich oft, was die Autoren antreibt, Geschichten zu erfinden, echte Erlebnisse aufzuschreiben oder Fachwissen zu dokumentieren. Da ich selbst schon relativ viel geschrieben habe, kann ich von mir sagen, dass es die Lust an den Worten ist: damit zu spielen, Emotionen auszudrücken und Gedanken weiterzugeben. Oder mehr noch: Spuren zu hinterlassen. In der Hoffnung, das etwas bleibt. Ein Stück von mir, ein Splitter meines Selbst. Ein Gedanke, den ich gedacht und zu Papier gebracht habe (oder digitalisiert habe), überdauert und wird vielleicht weitergedacht. Ich fände das schön.

Sehr viele Menschen schreiben Tagebuch. Eine schöne Art, noch einmal auf den Tag zu schauen und dankbar zu sein für das, was gelungen ist. Tagebuch zu schreiben ist eine ganz persönliche Art von Literatur. Man muss nicht unbedingt etwas veröffentlichen, um Schriftsteller oder Autor zu sein. Schließlich schreiben wir doch alle am Buch unseres Lebens.

Begegnungen

Hallo Gott,

wieder eine Begegnung, die kein Zufall war: Todde ist ein echter »Hipster«, ein richtig cooler Musiker, der in der Region ziemlich bekannt ist. Ich hatte keine Ahnung von Web-Design, wusste aber, dass ich eine »Plattform/Tool« brauche, die ich dann mit Texten füllen wollte. Erst vermutete ich, dass wir wahrscheinlich nicht dieselbe Sprache sprechen (er ist etwa 20 Jahre jünger als ich), aber tatsächlich war er so empathisch, dass er sofort mein Anliegen verstand und meine Vorschläge umsetzte oder mich sehr klug und fachlich kompetent eines Besseren belehrte. Und so entstand mein Blog »Pinkfarbenes Leben«. Ich frage mich (oder besser gesagt dich), wie es sein kann, dass ich fast 20 Jahre in derselben Stadt gelebt habe und erst in der letzten Zeit so viele Menschen kennengelernt habe, die wichtig für mich wurden, die mich begleitet haben, mir ganz praktisch geholfen haben und zu denen sich sogar eine tiefe Verbundenheit und Freundschaft entwickelt hat. All diese Menschen waren doch vorher auch schon da! Ich habe sie wohl einfach übersehen ... Oder vielleicht war die Zeit noch nicht reif?

Eine weitere, sehr wichtige und neue Begegnung hatte ich mit Martin, dem katholischer Priester in Bamberg. Ich hatte so viele Fragen an dich, Gott. Ich wusste nicht, *wie* ich mit dir reden, worum ich bitten, was ich tun sollte mit meiner geschenkten Zeit. Martin wurde zu einem Übersetzer für mich. Er sagte mir natürlich nicht, was du für eine Botschaft für mich hast, er stellte mir eher Fragen. Fragen, die zum Teil sehr schmerzhaft waren und die ich lieber nicht beantworten wollte. Fragen, die über Jahre Knoten auf meiner Seele hinterlassen hatten. Knoten ... wie die doofen Lymphknoten-Metastasen.

Der erste Besuch bei Martin war eine Art Lebensbeichte. Da ich Protestantin bin, ist mir diese Art von Gespräch mit dir fremd. Ich hatte auch nicht das Gefühl, dass ich beichte. Ich sprach einfach laut über Dinge und Begebenheiten in meinem vergangenen Leben. Ich erzählte. Und Martins Ohren waren dann wohl deine Ohren, Gott. Es sollten viele weitere Gespräche folgen, die meine »Seelen-Knoten« auflösten.

Martin erzählte mir in der folgenden Zeit oft von seinem großen Projekt in Dörnwasserlos in der Nähe von Bamberg: eine Begegnungsstätte auf dem Marienberg. Bei einem meiner Besuche erwähnte er ganz nebenbei, dass er dort in der Kapelle eine Messe für mich gehalten habe. In der Messe haben Menschen für mich gebetet, die mich gar nicht kennen. Ich war gerührt und überwältigt und weinte. Wie ist das Gott: Je mehr für etwas gebetet wird, desto eher hörst du es? Nein, das glaube ich eigentlich nicht! Dennoch weiß ich, dass das Wissen um die Vielzahl der Gebete für mich mich emporhob und über ein dunkles Tal trug! Gebete können mächtig sein – und Kraft geben.

Marienberg (Dörnwasserlos, Franken)

Ich hatte ein Versprechen zu erfüllen: Auf dem Marienberg war eine Fürbittenmesse für mich gehalten worden, und wenn Menschen, die mich gar nicht kennen, für mich gebetet haben, dann wollte ich etwas zurückgeben – Danke sagen. Zum Beispiel mit einer Woche ehrenamtlicher Arbeit, egal was.

Ende August fuhr ich über 500 km in Richtung Franken. Ich liebe diese Strecke (denn ich fahre sie oft) über Hannover, Kassel, durch die Rhön und Fulda. Langsam wird es immer hügeliger. Es ist Hochsommer und sehr heiß und ich freue mich, dass die Klimaanlage gut funktioniert. Kurz hinter Bamberg verlasse ich die Autobahn und fahre über die Landstraße Richtung Scheßlitz/Dörnwasserlos. Nach der Ortschaft geht es links den Berg hinauf (fast 600 m). Ich fahre durch ein Tor – das Gelände ist umgeben von einem hohen Zaun. Es sind die Reste der amerikanischen NATO-Raketenbasis, die hier früher stationiert war.

Das gesamte Gelände umfasst 10 Hektar, hat einen Spiel- und Sportplatz, eine Gaststätte, die sonntags eine kleine, aber feine Speisekarte hat. Getränke und Eis gibt es für Wanderer, Pilger, Mountainbiker und Motorradfahrer. Und ich bin begeistert von der Blumenpracht rund um die Häuser und Wege. Sie werden mein Hauptbeschäftigungsfeld sein. Ich lerne dort, dass Gartenarbeit sehr kontemplativ sein kann, auch wenn ich von »Viechern« total zerstochen werde.

Das Reinisch Haus, meine Herberge für eine Woche, ist mit sehr freundlicher, moderner, heller und schlichter Einrichtung ausgestattet, fast wie in einem Kloster. Am Eingang steht ein Gedenkstein für Franz Reinisch (01.02.1893–21.08.1942), ein Pater, der in der NS-Zeit »Farbe bekannte«. »Farbe bekennen« ist auch das Motto des Gästehauses. Pater Franz verweigerte den Fahneneid auf Hitler und wurde in Berlin enthauptet. Sein Lebensweg war ein Protest gegen Mitläufertum und

Unverbindlichkeit. Seine Biografie wird mich noch lange nach meiner Abreise beschäftigen.

Auf meinem ersten Erkundungsgang entdecke ich auf einem Hügel eine winzig kleine Kapelle – »Kapellchen«, wie es auch liebevoll genannt wird. Hier gibt es Sitzplätze für maximal 20 Menschen. Als ich diesen stillen Raum betrete, muss ich geblendet die Augen schließen. Nicht wegen des üppigen bayrischen Barocks, den ich eigentlich erwartet habe, sondern wegen der Explosion von Farben, die durch das Sonnenlicht entsteht, das durch die modernen Kirchenfenster scheint. Es ist angenehm kühl hier und vielleicht noch ein bisschen stiller, als es »hier oben« sowieso schon ist. Ich gehe während meines Aufenthaltes jeden Tag hierher und kann dort innere Einkehr halten. Es ist fast immer leer. Nur gelegentlich sitzt jemand in der Bank. Bei einer Messe allerdings platzt das Kapellchen aus allen Nähten, denn viele Leute aus dem Ort kommen donnerstags hier herauf. Ich treffe bekannte Gesichter aus der Arbeit in der Küche und im Garten, denn viele Menschen aus der Umgebung kommen regelmäßig auf den Marienberg, um zu helfen. Eine derartig große Bereitschaft, ehrenamtlich tätig zu sein, habe ich selten erlebt. Sie sprechen auch von »ihrem Berg«, und ich spüre das Gefühl von Heimat, das die Menschen hier oben haben. Fast bin ich ein bisschen neidisch, da ich nur eine begrenzte Zeit hier bin, und nehme mir fest vor, wiederzukommen.

Die Woche auf dem Berg ist geprägt von Stille, innerer Einkehr, Garten- und Küchenarbeit, sehr viel Herzlichkeit und Hilfsbereitschaft und von guten Begegnungen mit freiwilligen Helfern. Besonders schön sind die Gespräche mit den beiden Schwestern der Schönstatt-Bewegung. Sie kümmern sich um alles, was auf dem Marienberg zu tun ist, und sind die »guten Seelen« des Berges.

Zeit für Ausflüge in die nähere Umgebung habe ich auch. Das mittelalterliche Bamberg steht gleich mehrmals auf meinem Programm. Bayreuth, Kulmbach (Bierbrauerstadt!) und Coburg sind weniger als 50 km entfernt und allesamt sehenswert. Zum Wandern in der fränkischen Schweiz brauche ich noch einmal eine extra Woche, die Landschaft ist atemberaubend. Für alle »Nichtfranken« empfiehlt sich ein Sprachführer, denn die fränkische Mundart ist entzückend, aber für ein ungeübtes Ohr manchmal etwas schwer zu verstehen.

Wer also eine Auszeit von der hektischen Welt nehmen möchte, ist hier allerbestens aufgehoben. Ich fahre bald wieder auf den Berg, denn man ist dort dem Himmel ein kleines Stück näher.

Reiselust

Hallo Gott,

du hast mich auf eine lange Reise geschickt. Eine Reise durch zerklüftete Landschaften, auf Berge und besonders durch Täler. Eine Reise, von der ich nicht wusste, wohin sie gehen sollte und was das Ziel war.

Ganz anders als meine geplanten Reisen, die ich als festen Bestandteil meines Heilungsprozesses nutze. Und das war gut. Es ging mir zunehmend besser, und ein gewisses Maß an Alltag hielt Einzug. Ich genoss das so sehr! Je langweiliger, desto besser. Nein, natürlich war mein Leben nicht langweilig, es war intensiv. Kleinigkeiten wurden wichtig und symbolhaft. Und ich hatte Zeit! Ich war ja krankgeschrieben. Aber irgendwann tauchte die Frage auf, wie es weitergeht. Ich hatte zwischendurch sehr losen Kontakt zu »meinem« Krankenhaus und meinem Chef. Eigentlich interessierte mich nicht, was sich dort abspielte, aber mir fehlten die Kollegen. Das Miteinander. Viele meldeten sich, schrieben Mails, riefen an, und manchmal traf ich jemanden in der Stadt und ein Kaffee oder Eis wurden zum Argument, um Neuigkeiten auszutauschen. Nach 72 Wochen läuft das Krankengeld aus. Entweder fängt man dann wieder an zu arbeiten, kündigt oder beantragt Rente beziehungsweise Erwerbsminderungsrente. Du weißt, Gott, wie ich diesen Gedanken verdrängte und wegschob. Gelegentlich fragte ich dich: Wo ist mein Platz? Wo stellst du mich hin? Was ist mein Auftrag? Wenn du eine Antwort für mich hattest, hörte ich sie mal wieder nicht. Und so hatte ich einen wirklich guten Grund, mich nicht mit der Thematik auseinanderzusetzen: Ich wusste eben einfach nicht, was ich machen sollte. Ich habe meinen Job immer als »Berufung« empfunden, damals auf der Intensivstation und später im Management. Ich wollte mit Menschen arbeiten. Erst mit Patienten auf Station, dann im Management mit Kollegen im Team und mit Mitarbeitern. Ich liebte meinen Job und ich denke, ich war nicht schlecht. Aber sollte ich wirklich in die Mühle zurück? Würde ich es körperlich überhaupt schaffen? Und war es nicht mein Hauptjob, wieder richtig gesund zu werden? Ambivalente Gefühle in Massen!

Du warst mir in der Frage zuerst keine große Hilfe, Gott. Ich fragte oft. Immer wieder. Irgendwann wurde klar: Ich muss jetzt eine Entscheidung treffen. Und dann war deine Antwort doch irgendwie einfach da. Ich vereinbarte einen Termin bei der Rentenberatung, füllte mithilfe einer sehr netten Dame ein extrem umfangreiches Formular aus und brach vor der Beamtin in Tränen aus. Du weißt, dass ich keine Heulsuse bin, aber als ich mit der Unterschrift mein »Schicksal« besiegelte, brachen alle Dämme. Ich habe noch nicht mal bei der Diagnosemitteilung oder im Krankenhaus geweint, aber dieser formale Akt überforderte mich vollkommen. Offensichtlich hattest du auch hier deine Hand im Spiel, denn die Dame war dermaßen mitfühlend und empathisch, dass ich relativ schnell meine Fassung wiedergewann. Da ich ihr meine Geschichte weitestgehend erzählen musste, war ihr wohl schnell klar, dass ich wohlmöglich gar nicht lange Erwerbsminderungsrente bekommen würde, da meine Lebenserwartung eigentlich nicht sehr hoch war. Sie fand jedenfalls die richtigen Worte und ich war halbwegs getröstet. Mit der festen Überzeugung, die richtige Entscheidung getroffen zu haben, ging ich nach Hause. Keine drei Monate später erhielt ich eine ebenfalls sehr umfangreiche Mitteilung, dass ich nun »Frührentnerin« sei. Na, herzlichen Glückwunsch! Und das mit 46 Jahren!

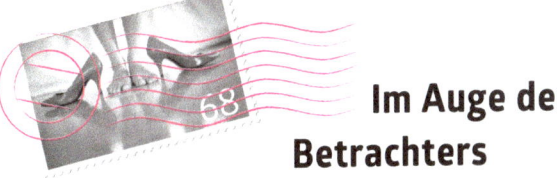

Im Auge des Betrachters

Ja, Gott,

mit der Eitelkeit ist das so eine Sache. Dante Alighieri widmet ihr in seiner »Göttlichen Komödie« viel Raum. Als ich das erste Mal mit einem Handspiegel das volle Ausmaß der Operationsnarben sah, wurde mir richtig schlecht! Nicht, weil es so furchtbar aussah (das tat es zwar auch), sondern weil ich mir aus meiner Zeit im Operationssaal genau vorstellen konnte, wie die Hautschichten durchtrennt und an die Seite geklappt wurden. Ich habe viele Operationen gesehen. Am Bauch, künstliche Hüften, kosmetische Eingriffe, Augenoperationen und sogar Herztransplantationen. Alles kein Problem. Aber meine Narben waren eine Katastrophe! Rot, geschwollen und riesig! Die erste Operation hatte 6,5 Stunden gedauert, die zweite zwei Wochen später 4,5 Stunden ... an derselben Stelle! Dass es ästhetisch nicht so ganz toll werden würde, hatte ich mir schon gedacht, aber das!!! Sie zeigten das volle Ausmaß der Erkrankung! War das auch noch nötig – mir so deutlich vor Augen zu führen, wie zerstörerisch Krebs im Körper wüten kann?

Ja, wahrscheinlich war es nötig. Denn sonst hätte ich zum Beispiel den Schritt zur Erwerbsminderungsrente gar nicht gemacht. Es zeigte: Ich war todkrank. Und wenn ich überleben wollte, musste sich etwas ändern. Ich musste wohl jeden Tag im Spiegel sehen, dass es kein schlechter Traum war, sondern nackte, furchtbar wulstige Realität.

Jetzt, nach fast zwei Jahren, wird die Narbe blasser. Sie ist nicht mehr so feuerrot und auch glatter. Ich habe viel Geld für gute Cremes und Narbenöl (natürlich biologisch einwandfrei!) ausgegeben. Aus Eitelkeit? Ja, Gott. Ja. Ich habe dort immer noch Schmerzen. Jeden Tag. Ich fühle die Narben. Aber ich will sie nicht sehen. Den Spiegel benutze ich trotzdem jeden Tag, und ich freue mich, wenn ich mich darin sehe. Denn du hast dafür gesorgt, dass ich noch da bin. Im Spiegel und in meinem Leben.

Spieglein, Spieglein an der Wand ...

Mein Spiegelbild und ich – innen und außen – gleich und doch anders. Das Wort Spiegel kommt vom lateinischen speculum, was so viel wie »Abbild« bedeutet. Ein sehr symbolhafter Gegenstand. Er gilt als Zeichen der Eitelkeit, aber auch der Selbsterkenntnis, Klugheit und Wahrheit und findet sich in vielen Sprichworten wieder.

Damit ein Spiegel das tut, was er soll, muss er zu einem gewissen Maß transparent sein, durchsichtig für jedermann – aber möchte ich das? Wohl eher nicht. Sich selbst sehen (und erkennen), dazu gehört Mut, denn es sind ja nicht nur positive Dinge im Spiegelbild zu sehen. Wie sagte schon Aldous Huxley: »Nichts bewahrt uns so gründlich vor Illusionen wie ein Blick in den Spiegel.«

Manchmal schaue ich in den Spiegel und sehe nicht mein Gesicht, sondern Züge meiner Eltern und auch die meines Sohnes. Jeder Mensch ist einzigartig, und doch finden wir uns in anderen wieder. Äußerlich, aber auch vom Charakter her. Ich weiß ganz genau, welche Eigenschaften in meinen Genen stecken, welche Eigenschaften ich erlernt habe und welche ich weitergegeben habe. Das ist manchmal schmerzlich, manchmal lustig, aber eigentlich auch sehr schön. Etwas weitergeben, etwas hinterlassen – ist es nicht das, was uns »sein« lässt? Möchten wir nicht alle, dass wir in Erinnerung bleiben, entweder im kollektiven Gedächtnis des Genpools und/oder in der individuellen Erinnerung von Familie und Freunden?

Mein Spiegelbild ist vergänglich. Jeden Morgen entdecke ich mindestens ein neues Fältchen und ein paar graue Haare mehr. Ein Hinweis auf das Altern und ein Hinweis, dass ich wieder an (Lebens-)Erfahrung hinzugewonnen habe. Es stört mich nicht mehr, auch wenn die Cremetuben in meinem Spiegelschrank mehr und teurer werden. Das Gesicht im Spiegel – das bin ich und doch nicht ich. Wir haben diverse Möglichkeiten, ein bisschen nachzuhelfen. Ich kann die müden Schatten unter meinen Augen abtönen, ein bisschen Rouge auflegen, und schon sehe ich frischer aus. Die Augen etwas betonen und ich wirke wacher, ein bisschen Lippenstift und fertig ist die Fassade. Das ist das, was wir gerne präsentieren. Äußerlichkeiten und ein perfektes (Ab-)Bild dessen, was wir gerne sein würden, aber nicht immer sind. Und es bleibt die ewige Frage: Was sehen wir eigentlich im Spiegel?

»Hast du dir je die Frage gestellt, ob dein Spiegelbild auf der Wasseroberfläche real und du nur eine Reflektion von ihm bist?«, sagt Calvin zu seinem Stofftiger Hobbes im gleichnamigen Cartoon von Bill Watterson. Eine wirklich philosophische Überlegung ...

Schuhe

Hallo Gott,

manchmal denke ich, dass ich alles verloren habe: meine Gesundheit, meinen Mut, meine Hoffnung und mein ganz normales Leben. Doch dann treffe ich Menschen, die wirklich alles verloren haben: ihre Existenz, ihre Heimat, ihre Familie und auch ihr gesamtes Hab und Gut. Dann finde ich plötzlich, dass ich sehr reich bin. Besonders, wenn ich meinen Kleiderschrank öffne und wenn ich in meinen Schuhschrank schaue. Mir ist natürlich klar, dass materielle Dinge nicht wichtig sind. Das habe ich begriffen – denke ich. Und trotzdem gehe ich gerne shoppen. Oft nerven mich aber auch die Konsumtempel und ich frage dich: Wohin wird das alles führen? Wir beuten Rohstoffe aus, benutzen Kinder als billige Arbeitskräfte und lassen sie nicht an Bildung und Wohlstand teilhaben. Das ärgert mich oft, Gott, trotzdem schaffe ich es aber offensichtlich nicht, diesen Kreislauf zu durchbrechen. Ich bin in einer guten Zeit ohne Krieg und in Wohlstand in einem reichen Land geboren. Ich bekomme alles, was ich brauche, und mehr. Doc M. sagte kürzlich: »1000 Kilometer weiter östlich hätten Sie dieses Medikament nicht bekommen!«

Was für ein dekadenter Luxus, den ich mir immer wieder leiste – Schuhe. Nicht, damit meine Füße nicht frieren, sondern weil sie zum Outfit passen sollen und gut aussehen. Mir ist das sehr wohl bewusst, dass ich mit dem Geld auch sinnvollere Investitionen tätigen könnte. Ich freue mich über »Schnäppchen«, die ich meistens mache, wenn ich gar nicht danach Ausschau gehalten habe.

Schuhe sind tatsächlich ein Tick von mir, und die »pinkfarbenen Schuhe« haben viele Steine ins Rollen gebracht. Ich hoffe, es geht in Ordnung, Gott, wenn ich mich über diesen Luxus freue. Es ist auf jedem Fall immer wieder ein guter Anlass, einen Blogbeitrag über Schuhe zu schreiben ...

Emergency Room

Heute musste ich einen sehr guten Freund in die Notaufnahme bringen. Er war erst zwei Wochen bei mir. Ich mochte ihn auf Anhieb. Er war schlank, hochgewachsen, elegant, trug ein lackschwarzes Outfit. Wir waren zwei Mal miteinander aus. Es war nett! Er schmeichelte mir und passte offenbar genau zu mir.

Beim zweiten Date war es dem Anlass angemessen festlich. Ich trug das »kleine Schwarze« und freute mich auf einen wundervollen Abend. Mein guter Freund war formvollendet und anpassungsfähig. Wir waren ein perfektes Paar. An diesem verhängnisvollen Abend passierte dann das Unfassbare – er wurde schwer verletzt! Das Schlimmste daran – es war meine Schuld! Einen Herzschlag lang war ich unaufmerksam und das Unglück nahm seinen Lauf: Ich blieb in einem Metallgitterrost stecken! Der Schaden wurde sofort sichtbar – der Lack war ab! Der Absatz an meinen High Heels hatte eine große Schramme, der Lack war hochgeschoben und der »Knochen« des Absatzes wurde sichtbar. Eine Katastrophe! Mir blutete das Herz! Eine Sofortmaßnahme gab es nicht und ich wusste, nur ein Schuster meines Vertrauens würde helfen können.

Am nächsten Morgen brachte ich ihn unter Jammern und Wehklagen zu Herrn L. (ich lasse all meine Schuhe bei ihm versorgen), meinem Schuster. Ich bat ihn, sein Möglichstes für meinen Liebling zu tun. Zu meinem Entsetzen winkte er ab und meinte: »Tja – Lack ... hoffnungslos ... das kriegen wir nicht wieder hin! Das können wir nur abschneiden und schwarz einfärben.« Ich debattierte mit dem behandelnden Doktor Schuster, ob nicht doch eine kosmetische OP möglich wäre: den Lack vorsichtig entfalten, straffen und kleben?!

Nein – nur eine radikale Resektion des zerstörten Lacks würde ein halbwegs vernünftiges Ergebnis bringen. Ich hatte nicht viel Zeit zu überlegen. Schon hatte er die Wunde komplett freigelegt! Nun weiß ich ja aus Erfahrung, dass gesäuberte und gereinigte Wunden besser heilen, dennoch schrie ich innerlich auf. Aber Dr. Schuster hatte nicht zu viel versprochen. Mit einer Art Lackstift sorgte er für eine akzeptable Heilung. Nun sind mein Freund und ich wieder als Paar unterwegs – zwar von Wunden gezeichnet, aber glücklich vereint und auf dem Weg ins Leben.

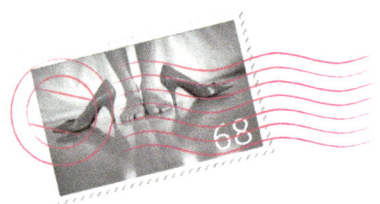

Familie

Hallo Gott,

ich musste mal raus. Raus aus der Angst, der Sorge. Und auch Ralf brauchte dringend eine Auszeit davon. Daher wagten wir im April, nach der Therapie, unseren ersten Urlaub. Ich hatte ziemlich große Angst, begab ich mich doch weg von rettenden Onkologen, Physiotherapeuten und Hausärzten, die ich hysterisch aufsuchen konnte, wenn ich ein »schräges« Gefühl hatte – und das hatte ich eigentlich ständig, wie du weißt. Ich denke, ich vertraute dir einfach nicht! Du hattest mich schon einmal in trügerischer Sicherheit gewägt. Fast fünf Jahre, und dann – »Bumm« – war der Krebs wieder da. Ich wäre dir wirklich dankbar gewesen, nur für eine Sekunde sicher zu sein – sicher, dass alles gut wird.

Ich hatte damals noch einen langen Weg vor mir, bis ich begreifen, nein, nicht begreifen, aber akzeptieren konnte, dass auf jeden Fall alles gut wird, auch wenn das »gut«, das du für mich vorgesehen hast, nicht unbedingt meine erste Wahl ist.

Jedenfalls hat es mich einige Überwindung gekostet, mich auf die Suche nach einem möglichen Urlaubsziel zu machen. Das war ich schon alleine Ralf schuldig, denn er hatte etwas Erholung bitter nötig.

Ach ja, Gott, und überhaupt: Was ist mit meinem Mann, meinem Sohn, meinen Eltern und der restlichen Familie? Es ist ja nun überhaupt nicht so, dass bei einer solchen Erkrankung nur der Patient leidet! Es war wirkliche eine Katastrophe, Ralf, Malte und besonders meinem Vater zu sagen, dass ich wieder Krebs habe, zwei Wochen nach der schweren Operation wieder neue Lymphknoten da sind und als Dreingabe jetzt auch noch Lebermetastasen dazugekommen sind! Wieso musste ich zudem die Überbringerin der schlechten Nachrichten sein? Und wieso hatte ich das Gefühl, dass man mir wie im alten Griechenland als Bote von schlechten Nachrichten den Kopf abschlägt? Oder das Herz herausreißt, wenn ich meinen Leuten diese »Hiobs-Botschaften« (übrigens einer der Geschichten in der Bibel, die ich mich bis heute geweigert habe, zu lesen) überbringen musste? Du hast mir die Kraft gegeben, die schlechten Nachrichten, wenn sie dann meist per Telefon kamen, auszuhalten. Ja – tatsächlich war ich danach fast erleichtert. Gewissheit zu haben fand ich schon immer besser, als im luftleeren Raum zu schweben.

Ralf war fassungslos und schwieg, Malte war geschockt und wurde dann sofort zuversichtlich und zupackend. Meine Mama (mein großes Vorbild – schließlich hat sie ihre Brustkrebserkrankung schon zehn Jahre überlebt) pragmatisch und hyperaktiv. Mein Vater – am Boden zerstört. Er war nicht einmal in der Lage, mit mir zu telefonieren! Ich kann viel aushalten, aber meinen Vater weinen zu sehen, überstieg dann doch meine Kraft! Ich fühlte mich nur noch schuldig! Schuldig im Sinne der Anklage: Ich hatte großes Leid über meine Familie gebracht.

Ein absolut schreckliches Gefühl und mindestens genauso überflüssig, denn niemand ist schuld an seiner Krankheit! Noch nicht einmal du, Gott! Dennoch war es da, dieses nagende Gefühl, gegenüber meiner Familie versagt zu haben. Ich wollte doch immer alles richtig machen! Eine liebende, starke, aktive, hübsche, bewundernswerte Ehefrau sein, eine tolle, witzige und coole Mutter und eine Tochter, auf die man stolz sein kann. Verloren! Versagt auf ganzer Linie! Ich war zur todkranken, bedauernswerten, schwachen und alles andere als coolen Frau geworden. Dass du mir dieses Bild von mir gezeigt hast, Gott, war ein wirklicher Hammer. Vielleicht sogar der Größte! So konnte und wollte ich mich nicht sehen. Und ich weinte nach den Telefonaten und Gesprächen mit meinen Lieben Tränen der Wut, der Enttäuschung und des Zorns.

Ich verstehe erst jetzt ganz langsam, dass das Bild, das ich damals von mir hatte, nicht dem entsprach, das du von mir hast. In deinen Augen bin ich immer »richtig«. Das zu erkennen war – allerdings erst langsam und sehr viel später – eine große Gnade! Die Erleichterung, als ich begriff, dass ich nicht dem Bild, das ich selbst von mir habe, entsprechen zu müssen, sondern auch mal krank, verletzt und schwach sein zu dürfen, war unbeschreiblich. Und auch jetzt, nach so vielen Monaten, rufe ich mir dieses Gefühl oft auf – immer dann, wenn ich glaube, für alle anderen »richtig« sein zu müssen.

Doch zurück zu unserem Urlaub. Ralf hatte ihn sich redlich verdient. Er hatte viele Nächte nicht geschlafen und sich große Sorgen um mich gemacht. Es war höchste Zeit für einen Tapetenwechsel.

Das Reiseziel sollte auf jeden Fall in Deutschland liegen, sodass wir hätten reagieren können, wenn es mir schlecht gehen sollte. Fliegen hatte ich vorläufig sowieso für mich gestrichen, da ich genug »Kontrollverlust« hinter mir hatte und ich beim Fliegen ja schon wieder hätte darauf vertrauen müssen, dass der Pilot seinen Job gut kann und weiß, was er tut – ähnlich wie mein Operateur.

Ich fand eine schöne Ferienwohnung im Hochschwarzwald in der Nähe des Dreiländerecks. Diese Ecke von Deutschland hatten wir noch nicht bereist (ich war als Kind mit meinen Eltern dort, hatte aber nur noch vage Erinnerungen daran). Ich googelte eine günstige Route, und da wir auf jeden Fall wegen Rala, unserem Border Collie, einen Zwischenstopp machen mussten, stieß ich auf Bingen am Rhein.

Wieder ein Fingerzeig von dir – das wusste ich dieses Mal sofort. Nach meiner ersten Krebsdiagnose hatte ich verschiedene Bücher über Hildegard von Bingen, ihrem Gottes- und Heilungsverständnis gelesen und war begeistert! Auch ihre Medizin fand ich beachtenswert und übernahm einiges aus ihren Ernährungsvorschlägen. Die Taten dieser Frau und ihre Persönlichkeit hatten mich schon damals sehr fasziniert, und im Rückblick auf die Dinge, die ich tun musste, meiner Familie antun musste, passte ein Zwischenstopp in Bingen und dem nahegelegenen, dazugehörigen Hildegard-Kloster perfekt.

Und wie könnte es anders sein? Du hattest wieder eine Begegnung für mich parat. Eine der Ordensschwestern aus dem Kloster arbeitete an diesem schon fast sommerlich heißen Frühlingstag in den Blumenbeeten an der Klosterkirche. Da wir wegen des Hundes nur jeweils abwechselnd in die Kirche konnten, saß ich, während Ralf in der kühlen, sehr schönen Kirche weilte und etwa eine Million Fotos machte, im Schatten auf einer Stufe vor der Kirche. Die Ordensfrau sprach mich an, und für einen Moment dachte ich es wäre Hildegard höchstpersönlich. Es war ein kurzes, warmherziges Geplauder ohne konkreten Inhalt und trotzdem war es anrührend, herzlich, und ich dachte noch Wochen später an die alte Klosterfrau, die so liebevoll den Garten für dich schönmachte. Eine Begegnung, die eine wunderbare Einstimmung in unseren ersten Urlaub war. Danke, Gott, für die vielen Kleinigkeiten und Begegnungen, die du immer wieder als Überraschung bereithältst.

Hildegard von Bingen

Sich mit mächtigen Männern anzulegen erfordert viel Mut, Selbstbewusstsein und Gottvertrauen. Das gilt heute, aber besonders für die Zeit um 1150 n. Christus, als die Stellung und Wertschätzung von Frauen in der Gesellschaft noch eine ganz andere war. Dennoch scheute sich eine der berühmtesten Frauen ihrer Zeit nicht, genau das zu tun. Sie stritt mit hohen geistlichen Amtsträgern wie Erzbischöfen. Hildegard prägte ein neues Frauenbild in der Kirche. Sie selbst, eine benediktinische Nonne und spätere Äbtissin, hatte viele Fähigkeiten. Sie besaß nicht nur Führungsqualitäten, sondern auch Forschergeist. Bis heute gilt sie als Universalgelehrte, eine Bezeichnung, die man nur wenigen Menschen zuspricht, unter anderen auch meinem alten Freund Leonardo da Vinci.

Bekannt ist Hildegard von Bingen heute besonders wegen ihrer biologischen, pharmazeutischen und medizinischen Erkenntnisse. Die Kloster- und Hildegard-Medizin boomt seit einigen Jahren. Durch ihre naturkundlichen Erkenntnisse über die Heilwirkung von Pflanzen und Kräutern wird sie heute teilweise auch als erste deutsche Ärztin bezeichnet.

Was veranlasste diese Frau, sich gegen die Mächtigen durchzusetzen und den Kranken zu helfen? Sicher war es zu einem großen Teil ihrer christlichen Nächstenliebe geschuldet. Sie sah wohl ihren göttlichen Auftrag darin. Auch heute noch gibt es viele Menschen, insbesondere nach wie vor Frauen, die ihre »Berufung« im Helfen und Heilen sehen.

Warum bin ich Krankenschwester geworden? Auch ich wollte helfen, etwas Gutes tun, mit Menschen arbeiten und für die Hilfsbedürftigen da sein. Ich machte meine Ausbildung Mitte der 80er-Jahre in einem kirchlichen Krankenhaus. Wir Schülerinnen hatten damals noch Zeit, um für die Privatstationen Servietten zu falten und eine

Zweitausbildung in Floristik zu absolvieren. Ich lernte, dass man Rosen in kaltem Wasser baden muss, damit sie länger halten, aber auch, dass ein kleiner Schuss Desinfektionsmittel im Wasser mich von der lästigen Pflicht der Blumenpflege am nächsten Tag befreite. Das war damals meine Art, mich gegen eine »mächtige« Stationsschwester durchzusetzen.

Ich lernte insbesondere von den Ordensschwestern, wie man Patienten versorgt, sich ihnen zuwendet – ihnen begegnet in Angst, Schmerz und Not. Vielleicht haben Frauen dafür tatsächlich eine besondere Wahrnehmung, vielleicht ist es aber auch der Tradition geschuldet, dass es überwiegend Krankenschwestern gibt, obwohl die Zahl der männlichen Auszubildenden erfreulicherweise jährlich steigt.

Was sich ebenfalls verändert hat, ist die Zeit, die man für die Patienten hat. Falldichte, Fallpauschalen, Verweildauer, Drehtüreffekt, blutige Entlassungen – all das sind beherrschende Vokabeln im Alltag des Krankenpflegepersonals. Da ist schon lange keine Zeit mehr für Blumenpflege, aber leider oft auch nicht für Gespräche oder einfaches Zuhören und Dasein. Das stört uns Krankenschwestern selbst am allermeisten. Denn dafür sind wir doch ursprünglich einmal angetreten – als Universalgenies in Sachen Helfen. Berufspolitisch muss sich vieles ändern. Doch das können wir nur selbst, denn sonst bestimmen andere über uns. Auch wir sind wie Hildegard von Bingen aufgerufen, uns gegen die Mächtigen durchzusetzen und unsere Anwaltschaft für die Nöte der Patienten wahrzunehmen, um ihnen das zu gewähren, was Begegnung ausmacht: Würde, Zeit und Achtung.

Himmel, Tod und Ärzte

Tja, Gott,

nur weil man Krebs hat, heißt das noch lange nicht, dass man nicht auch mal wegen ganz profaner Dinge zum Arzt muss. Zum Beispiel zum Zahnarzt. Du hast die günstige Gelegenheit offensichtlich mal wieder genutzt, mir eine Lehrstunde in Sachen »empathischer Umgang mit meinen Mitmenschen« zu geben.

Eigentlich dachte ich, dass ich das recht gut kann. Ich habe das schließlich mit der »Muttermilch« aufgesogen – ich war Krankenschwester! Und wie du weißt, habe ich die überwiegende Zeit auf Intensivstationen gearbeitet – da geht es sehr oft um Leben und Tod.

Vielleicht war dadurch der Tod schon immer ein Thema für mich, wenn auch ein relativ abstraktes. Naja, relativ – natürlich habe ich sehr viele Menschen sterben sehen, leicht, voller Dankbarkeit, kämpfend, verneinend und zornig, schmerzvoll oder friedlich oder einfach den Tod als Teil des Lebens akzeptierend.

Tot sind immer nur die anderen

Nirgends wird so viel gestorben wie im Krankenhaus. Ist es deshalb für uns Krankenschwestern Alltag oder sogar eine Selbstverständlichkeit, so wie auch täglich im Kreissaal neues Leben beginnt? Das ist jedoch meistens ein freudiges Ereignis: Ein kleiner Mensch, der das ganze Leben noch vor sich hat, erblickt das Licht der Welt. Und trotzdem beginnt schon an diesem ersten Tag der Rest seines Lebens. Es ist eine Frage des Standpunktes – ist das Glas halb leer oder halb voll?

Ich lese und höre viel von der Tabuisierung des Todes, aber ist das wirklich so? Natürlich gab es früher eine wesentlich stärkere Präsenz des Todes im Alltag. Die Menschen wurden krank oder alt (nicht so alt wie heute) und starben einfach, ohne lange Pflegezeiten oder medizinischen High-Tech-Aufwand. Es gab Abschiedsrituale in der dörflichen Gemeinschaft und in den Familien. Heute wird überwiegend in Institutionen gestorben. Unabhängig davon, dass in den Medien dauernd und ständig öffentlich gestorben wird – und zwar in Massen –, gibt es im Internet Foren, Blogs, virtuelle Trauerplattformen und so weiter, sodass das Thema Tod sehr wohl präsent ist. Aber wie bereit sind wir, uns im Krankenhaus, Pflegeheim oder in unserer privaten Umgebung der Unmittelbarkeit des Todes zu stellen? Denn mitnichten sterben immer nur die anderen.

In der Palliative-Care-, der onkologischen und in der Pain-Nurse-Weiterbildung ist immer ein Themenkomplex »Umgang mit Sterbenden« vorgesehen. Und gelegentlich wird auch erörtert, ob der Tod in seiner Erbarmungslosigkeit ein Feind ist oder manchmal eben auch ein Freund. Dass es Menschen mit einer Todessehnsucht gibt, habe ich auf der Intensivstation gar nicht so selten erlebt. Verliert der Tod seinen Schrecken, wenn er nah ist oder wenn man selbst alt ist? Unausweichlich ist er allemal – heißt es doch schon bei Augustinus: »Der Tod ist gewiss – ungewiss ist nur seine Stunde.« Aber vielleicht ist es genau das, was uns ängstigt: Wir wissen nicht wann und wir wissen nicht wie. Dann finden viele Menschen Hoffnung, Trost und Stärke in ihrem Glauben. Sie glauben wie ich daran, dass mit dem Tod eben nicht alles endet, sondern dass es lediglich ein Übergang ins ewige Leben ist – in den Himmel oder wie immer man diesen Ort nennen will.

Die Geburt kann man mittlerweile relativ genau zeitlich festlegen. Wir sind auf das Ereignis vorbereitet, und vieles, was vor, während und nach der Geburt geschieht, ist sehr detailliert beschrieben. Der Tod und das Totsein hat dagegen noch niemand wirklich beschreiben können. Die Umstände, wie und wo gestorben wird, erlebt seit den

80ern durch die Hospiz- und Palliativbewegung eine wahre Renaissance. Und das ist gut so. Niemand sollte alleine sterben müssen, geplagt von Schmerzen und Angst. Es ist gut, dann Menschen bei sich zu haben, die einen begleiten.

Tatsächlich kann niemand seinen eigenen Tod »erleben« (was ja schon ein Widerspruch in sich ist). Deshalb gilt: »Tot sind immer nur die anderen. Und es lässt sich beinahe polemisch fragen: Wer sonst?« (M. Metzler, Soziologie Magazin 1/2012, S. 28). Ich glaube, dass es nach dem Leben ein neues Leben gibt, das wohlmöglich noch viel schöner ist als dieses!

Zurück zum empathischen Umgang mit meinen Mitmenschen! Bei der Begegnung mit meinem neuen Zahnarzt habe ich den Glauben an mein Einfühlungsvermögen verloren. Wie unüberlegt ich doch manchmal meinen Mitmenschen die »schonungslose Wahrheit« um die Ohren haue, nicht bedenkend, dass manche Informationen einfach zu viel sind! Mir sind selbst auch einige Episoden in Erinnerung, bei denen jemand eine Info weitergab, von der ich lieber nichts gewusst hätte oder auf die ich einfach nicht adäquat reagieren konnte, weil ich zu perplex war.

Wieso hast du mich nicht etwas sensibler für die Befindlichkeiten anderer Menschen gemacht? Das war doch mal mein Job! Habe ich durch meinen eigenen Schmerz das Recht, mit Worten um mich zu schlagen – ohne Rücksicht auf Verluste? Dabei muss ich noch nicht einmal auf Fremde treffen, sogar meinen eigenen Leuten tue ich, wenn auch meistens unabsichtlich, mit Worten weh. Ich wollte doch so gerne eine von den »Guten« sein!

Warum hast du mir nicht – vor allem nach den vielen schwierigen Begegnungen im Krankenhaus an meinem Krankenbett – etwas mehr Feingefühl geschenkt? Ich habe doch selbst oft genug erlebt, wie verletzend Worte sein können. Worte sind mächtig und haben viel Kraft – im Guten wie im Schlechten!

Ich weiß es ja im Grunde meines Herzens: Du liebst mich, wie ich bin. Mit all meinen Selbstzweifeln, mit all meinem Zorn und Frust. Du schenkst mir Momente der Klarheit und des Bedauerns – und die reflektive Erkenntnis, dass ich es besser kann … nur bei dem armen Zahnarzt kam die Erkenntnis etwas zu spät!

Zahnarztbesuch

Die halbjährliche Kontrolle der Zähne ist fällig. Entschlossen, aber nicht begeistert, melde ich mich an. Schließlich verbringe ich schon genügend Zeit in Wartezimmern und bei Ärzten. Aber was muss, das muss.

Ich bekomme kurzfristig einen Termin (braucht mein Zahnarzt etwa schon wieder einen neuen Porsche?) und kann im Wartezimmer nicht mal die neueste Klatschzeitung lesen, um auf dem aktuellen Stand der Intrigen, Seitensprünge und Schwangerschaften der europäischen Königshäuser zu sein, bis ich in den bequemen, aber ungeliebten Stuhl gebeten werde.

Eine junge, adrette Zahnarzthelferin (oder heißt das heute anders?) wirft schon mal einen abschätzenden Blick auf meine Kauleisten und lobt mich, weil es nur ganz wenig Zahnstein zu entfernen gibt. Puhhh – Glück gehabt. Sie ist sehr vorsichtig. Ich merke eigentlich gar nichts, nur das Geräusch verursacht mir eine Gänsehaut. Fast, als wenn Kreide über eine Tafel schrappt (ja, ich weiß! Es gibt keine Tafeln mehr, sondern nur noch Whiteboards mit Internetzugang).

Mein eigentlicher Zahnarzt scheint eine Probefahrt mit dem neuen Porsche zu machen, denn den jungen Mann, der dann den Raum betritt, kenne ich nicht. Er stellt sich mit einem arabisch klingenden Namen vor und ich blicke in sanfte, riesengroße Kulleraugen, die unter dunklen Locken fast nicht zu sehen sind. »Ach du Schreck, der ist ja höchstens 13«, denke ich, erinnere mich aber, dass er vor den von mir schon vergessenen Namen einen »Doktor« gesetzt hat. Na gut, dann ist er eben 23 ... Also etwa so alt wie mein Sohn. Egal – ich hoffe, er weiß, was er tut, und bin einigermaßen beruhigt, da ich ja nur zum Nachschauen gekommen bin.

Prompt fragt er mich, ob ich Probleme habe. Ich muss grinsen und sage: »Ja, aber die stehen nicht in unmittelbarem Zusammenhang mit den Zähnen.« Er ist sichtlich irritiert, zieht eine Augenbraue hoch und fragt: »Jaaaa?« In drei Sätzen erzähle ich meine Krankengeschichte. Er wird blass und fängt an zu stottern, dass er: »Äääh, alles Gute ... äääh, gute Besserung ... Naja, dann wollen wir mal ... äh ...«

Brav öffne ich den Mund und winde mich innerlich vor schlechtem Gewissen. Wie konnte ich nur? Der arme Junge! Dem habe ich den Tag jetzt schön verdorben! Er spricht nur das Nötigste und vermeidet direkten Blickkontakt. Ich habe vollstes Verständnis für ihn und er tut mir leid. Wie erwartet, ist alles in Ordnung und er verabschiedet sich freundlich, aber schnell. Die ebenfalls blasse Assistentin nimmt mir das »Lätzchen« ab und bittet mich, den nächsten Termin vorne an der Info auszumachen. Dann ist auch sie verschwunden, und zurück bleibt die sich schämende, reumütige »Aussätzige«, die sich fest vornimmt, etwas sensibler und feinfühliger mit der Weitergabe ihrer Geschichte umzugehen. Schließlich will ich ja niemandem wehtun ... auch keinem Zahnarzt.

Werkzeug

Gott,

ist das wirklich dein Ernst? Soll ich das wirklich machen? Ist es das, was du für mich vorgesehen hast?

Nach der wenig empathischen Begegnung mit dem Zahnarzt, der schon viele ähnlich schräge Ansagen meinerseits an alle möglichen Menschen vorausgegangen sind, hauchtest du mir mal wieder einen Gedanken ein. So muss es gewesen sein, denn ich kann mich beim besten Willen nicht erinnern, wann und wie ich auf diese Idee kam. Sie war – »schwupps« – einfach da! Die Idee, in der Notfallseelsorge mitzuarbeiten, ehrenamtlich – schließlich habe ich als Frührentnerin viel Zeit!

Du hast mich überreichlich mit Spontaneität ausgestattet, und so recherchierte ich zügig, was und wie etwas zu tun sein könnte. Anschließend telefonierte ich mit unserem damaligen Pastor Uwe. Er war leitender Notallseelsorger, und wie so oft fügten sich die Dinge für mich nach deiner Vorstellung.

Uwe war begeistert von der Idee, eine ehrenamtliche Notfallseelsorgerin zu gewinnen, und erklärte mir die Grundvoraussetzungen. Ich erfüllte sie mit meiner Qualifikation als Intensivschwester – dennoch war noch eine Schulung beziehungsweise Grundmodul Notfallseelsorge (eine Woche) nötig, um einsetzbar zu sein. Und »zufällig« war eine Woche später in meinem Nachbarort Scheeßel das »Hurricane-Festival« mit 72.000 Besuchern. Da könne ich dann ja gleich mal ein Praktikum machen, meinte Uwe. Als ich den Telefonhörer auflegte, hatte ich Angst vor meiner eigenen Courage. Ich war körperlich noch ziemlich angeschlagen von der Therapie, und ich stellte mir die Frage, ob ich überhaupt geeignet war für eine solche Aufgabe.

Ein paar Tage später las ich in einem Buch, dass sehr viele Menschen nach einer schweren Diagnose »durchlässig« für die Nöte anderer Menschen sind und oft Hilfestellungen geben können, weil sie sich eben besonders gut in Notsituationen einfühlen können.

Gott, ich hatte dich schon so oft gefragt, wie ich etwas von der vielen Liebe und Zuwendung zurückgeben könnte, die ich in der Akutphase meiner Erkrankung und auch jetzt noch von so vielen Menschen erfahren habe. Und ob ich nicht ein »Werkzeug« sein kann in der Zeit, die du mir schenkst. Immerhin hatte ich schon einige Monate länger überlebt, als es zu erwarten gewesen war.

War das deine Antwort? Ich zweifelte mal wieder, ob ich nicht nur das hineininterpretierte, was ich hören wollte. Wieso ist es so schwer für mich, mich einfach fallen zu lassen und zu glauben? Du wirst meinen Weg schon richtig für mich bereiten. Und wenn mir bestimmte Dinge begegnen oder an mich herangetragen werden, wird das schon einen Grund haben!

Ich machte zwei Nächte (19:00 bis 4:00 Uhr) »Praktikum« auf dem »Hurricane-Festival«. Zwei Jahre zuvor hatte ich Malte widerstrebend erlaubt, mit seinen Kumpeln kurz vor dem Abi dorthin zu gehen. Hätte ich gewusst, was dort »abgeht«, hätte ich es vermutlich verboten.

Es war schier überwältigend. Das riesige Gelände in Scheeßel war zur Zeltstadt geworden und Heerscharen von jungen Leuten pilgerten dorthin. Ausnahmezustand! Dröhnende Rockmusik, wummernde Bässe, Gummistiefel und nette Kollegen im DRK-Zelt empfingen Uwe und mich. Wir lösten die Schicht vom Tagdienst ab.

In der ersten Nacht begegneten mir unendlich viele Abgründe der Menschheit, aber auch sehr viel Dankbarkeit und Teamgeist. Wie erwartet, gab es einfach alles beim Festival: Jede Menge Alkoholvergiftungen, sehr viel Drogenkonsum, Schlägereien, verrenkte und verstauchte Gliedmaßen, Prellungen, Schürfwunden, Verbrennungen, Brüche und auch schwere Schädelverletzungen.

Borderline-Störungen, Selbstmorddrohungen (meistens im Rausch geäußert) und zwei Vergewaltigungen. Ich hatte kaum Zeit, mal auf das Gelände zu gehen und die tobenden Massen vor den Bühnen anzuschauen.

Gott, so viele Menschen! Und so viele auf der Suche nach irgendetwas oder nach dir, Gott! Anders konnte ich mir die extrem vielen Rauschzustände nicht erklären. Wir trösteten bei Liebeskummer, hielten Spuckschalen, hörten zu, beruhigten, suchten nach Freunden, die verlorengegangen waren, und waren auch für die Polizei, Sanitäter und Notärzte im Zelt Ansprechpartner.

Ich hielt körperlich durch, war aber psychisch ausgelaugt, als ich in der Morgendämmerung in mein Bett fiel. Und ich war beseelt und infiziert! *Das* war es! *Das* wollte/sollte ich machen! *Das* war mein Auftrag! Ich hörte dich durch die wummernde Rockmusik von »Rammstein« ganz deutlich. Nein, nicht als Stimme, sondern ich *wusste*, was du für mich vorgesehen hattest! Ich war bereit ... und meldete mich in der darauffolgenden Woche zum Grundkurs an.

Das liegt jetzt fast drei Jahre zurück, und mittlerweile habe ich den Grundkurs abgeschlossen, die Weiterbildung zur »leitenden Notfallseelsorgerin« gemacht, zwei weitere »Hurricane-Festivals« (diesmal nicht als Praktikantin) überstanden und viele Einsätze (Geiselnahmen, Großbrände, plötzlicher Tod im häuslichen Umfeld, tödliche Verkehrsunfälle und Überbringen von Todesnachrichten) miterlebt.

Du warst und bist bei jedem meiner Einsätze dabei. Das spüre ich jedes Mal, wenn unendliches Leid über eine Familie hereinbricht. Und jedes Mal stellen sich die Menschen dieselben Fragen, die auch ich mir gestellt habe. Und – ja! Du hast mich durchlässig gemacht. In vielen Situationen gibt es gar nichts zu sagen. Ich bin dann einfach nur da, lasse die Menschen reden und weinen und höre zu – halte es aus. Das musste ich selbst auch erst lernen: aushalten. Und meine Seele war oft in großer Not. Ich hoffe, du schenkst mir noch viel Zeit, um die von dir gestellte Aufgabe zu erfüllen. Und ich bin dir dankbar, dass du mir diese Fähigkeit gegeben hast und mich erkennen ließest, welchen Platz du mir nach der Therapie zugedacht hast.

Seele in Not

Raumschiff Enterprise ist nichts gegen das Cockpit der Rettungsleitstelle, die wir im Rahmen des Notfallseelsorgekurses besuchten. Hier laufen alle Fäden zusammen und hier beginnt schon die Erste Hilfe – natürlich für den Körper, indem Krankenwagen oder Feuerwehr losgeschickt werden, aber auch Erste Hilfe für die Seele. Der Koordinator oder Zugführer, wie es wohl heißt, gibt erste Anweisungen über das Telefon, zum Beispiel ein Kind mit Krupphusten vor eine offene Kühlschranktür zu halten, um eine Abschwellung der Bronchien zu erreichen. Sogar Anleitungen zur Reanimation werden über das Telefon gegeben. Und der Koordinator beruhigt die Menschen: Hilfe ist unterwegs!

Wie gut zu wissen, dass Hilfe kommt. Dass ich nicht alleingelassen werde und Unterstützung erhalte. Die Seele schreit, weil das Leben aus den Fugen gerät und plötzlich nichts mehr so ist, wie es war. Alles ist bedroht, alles gerät ins Wanken. Notfallseelsorger werden meistens über die Leitstelle dazugerufen, wenn Unfälle passieren und Opfer, Zeugen oder Angehörige betreut werden müssen. Oder die Polizei nimmt einen Notfallseelsorger mit, wenn sie eine Todesnachricht überbringen müssen. Auch bei große Katastrophen werden Notfallseelsorger eingesetzt, wie bei dem ICE-Unglück von Eschede, der Amoklauf in Winnenden, Brand- und Flutkatastrophen oder Flugzeugabstürzen.

Wenn die Seele so in Not gerät, können Menschen ein bisschen Trost spenden, indem sie einfach nur da sind. Es bedarf nicht immer vieler Worte. Manchmal gibt es eben nichts zu sagen. Aber man kann auch gemeinsam schweigen. Das auszuhalten ist nicht so einfach.

Auch Helfer brauchen Hilfe. Nach jedem Einsatz besteht die Möglichkeit, das Erlebte zu besprechen beziehungsweise zu reflektieren. Das ist ebenfalls nicht einfach. Manches möchte man sicher einfach nur vergessen und die Bilder aus dem Kopf bekommen.

Seele in Not – die Ausbildung war sehr »dicht«, um im »Pastorensprech« zu bleiben (denn es werden überwiegend Pastoren, die schon qua Amt dafür prädestiniert sind, ausgebildet). Eine der ersten Fragen des Referenten war: »Was trägt, was ist unser Anker in der Not?« Das ist wohl die alles entscheidende Frage. Dass wir in Not geraten, können wir nicht ausschließen – dass wir Hilfe erfahren, menschliche und göttliche, dessen dürfen wir sicher sein!

Ralf

Gott,

ich muss mit dir jetzt mal über Ralf reden! Dass auch er ein Geschenk war, ist mir schon lange klar gewesen. Und das: »... in guten wie in schlechten Zeiten« hätte eigentlich bei uns andersherum lauten müssen.

Als wir uns kennenlernten, hatte ich nach meiner Scheidung logischerweise eine schwierige Zeit und ich war, wie du weißt, fest entschlossen, auf keinen Fall wieder einen Mann zu lieben. Ralf machte dieses Vorhaben auf seine liebevolle und positive Art zunichte. Wir zogen nach knapp einem Jahr zusammen, und mein verwundetes Herz wurde geheilt. Ich hatte Ralf von Anfang an klargemacht, dass es mich nur im »Doppelpack« geben würde, und falls ich jemals vor der Wahl stünde, immer meinen Sohn Malte wählen würde. Ralf stellte das nicht ein einziges Mal infrage – im Gegenteil! Er und Malte, damals gerade 8 Jahre alt, verstanden sich auf Anhieb. Es gab viele

Gemeinsamkeiten. Wir reisten oft zusammen: Pisa, Madrid, Teneriffa, Gran Canaria, Rhodos, Malta, Toskana, Österreich, Franken.

Es war immer ein richtiger Familienurlaub, und Ralf unternahm mit Malte Klettertouren, die ich nie mit ihm gemacht hätte. »Jungssachen« eben ... Die beiden redeten dauernd über Harry Potter, Star Wars, Star Trek, Herr der Ringe und Warhammerfiguren. Überwiegend so verständlich wie Chinesisch für mich – und eine riesige Freude für Malte.

Eine wirklich glückliche Zeit! Wir kauften im September 2006 unser Haus, renovierten es mit unseren Familien und genossen es, wieder Wurzeln zu schlagen. Im Jahr 2007 dann die erste Krebsdiagnose! Als das Ergebnis der Biopsie kam, war Ralf gerade in den USA gelandet. Er flog noch am selben Tag zurück und kam sofort ins Krankenhaus, wo ich in diesem Moment die »Diagnostikrunde« drehte, also verschiedene Voruntersuchungen über mich ergehen ließ, die für die Operation nötig waren. Für den späteren Abend hatte ich einen MRT-Termin. Ralf wollte so lange bleiben, bis ich abgeholt würde. Es war der Abend vor der allerersten Operation, und er machte mir dort im Krankenhaus einen Heiratsantrag. Ich lachte und weinte und sagte Ja. Dann wurde ich abgeholt. In der MRT-Röhre habe ich die ganze Zeit gegrinst. Wahrscheinlich hat die Pflegekraft gedacht, ich wäre total durchgeknallt, denn sie wusste ja, wonach sie suchte: nach weiteren Metastasen.

Ja, Gott. Eine total romantische, filmreife Geschichte hast du dir da ausgedacht ... Besser könnte es sich nicht mal Hollywood ausdenken. Wir heirateten in schweren Zeiten, und ich bin überzeugt, dass ich ohne Ralfs Liebe nicht überlebt hätte!

Fast fünf Jahre lief dann alles in ruhigem Fahrwasser. Als ich zum zweiten Mal die Diagnose Krebs bekam, war Ralf einen Tag vor dem Abflug nach Schanghai. Ich rief ihn aus dem Krankenhaus an und fragte, ob er den Flug verschieben könne, da ich schnellstmöglich operiert werden müsse. Ich glaube, Gott, diesmal traf es Ralf noch härter. Er las mir jeden Wunsch von den Augen ab und brachte mir am Tag vor der

Operation ein schneeweißes, hochgerüstetes Tablet ins Krankenhaus, auf das ich schon lange scharf war. Ich gab es ihm unausgepackt mit nach Hause mit der Bitte, es einzurichten und es mir wiederzubringen, wenn ich die Operation gut überstanden hätte.

Wir sprachen beide nicht aus, dass die Operation auch schieflaufen könnte. Die Einwilligungserklärung, die ich unterschreiben musste, hatte eine meterlange Ergänzungsliste an möglichen Risiken. Wir gingen gemeinsam in den »Raum der Stille« – einen Andachtsraum, der für alle Religionen offen ist. Es stehen Baumstämme darin, kleine Holzhocker sind aufgestellt, und das Licht ist vielfarbig. Ein »Gebetbuch« lag aus, in das die Menschen, die hierher kommen, ihre Anliegen und Bitten eintragen können, und ich habe einige Male darin geblättert. Hineingeschrieben habe ich nichts. Es stand schon alles darin, was ich auch hätte schreiben wollen.

Ralf war unglaublich tapfer und bemühte sich, mir Mut zu machen, obwohl er selbst, glaube ich, ziemlich mutlos war. Er brachte mich zum Lachen, obwohl wir eigentlich nur weinen wollten. Und auch das taten wir gemeinsam. Er gab mir so viel Kraft, und ich wusste, ich durfte nicht sterben. Er würde das nicht ertragen.

Du hast die ganze Zeit neben uns gesessen und deine Hand segnend über uns gehalten. Das haben wir beide gespürt.

Viele Stunden verbrachte Ralf im Krankenhaus und scheute keine Kosten und Mühen, brachte mir alle möglichen Leckereien, damit ich nur ja etwas aß und nicht noch mehr abnahm. Das geht bei einer Krebserkrankung sehr schnell. Binnen drei Wochen hatte ich zehn KIlo verloren und praktisch nie Hunger. Alles schmeckte nach Pappe, Fleisch fand ich eklig, und das Brot im Krankenhaus war absolut geschmacksneutral. Ralf brachte Tapas, Antipasti, frischen Salat, Dinkelbrot und was ich sonst noch gerne aß. Das meiste ging unangetastet zurück.

Ich wusste, dass Ralf schlecht schlief, und oft bat ich dich, ihm Kraft und Zuversicht zu geben. Ich verstand dich mal wieder nicht, Gott.

Reichte es nicht, dass ich litt? Womit hatte Ralf das verdient? Er hatte doch bewiesen, dass er auch in schlechten Zeiten für mich da war!

In dieser Zeit begann Ralf sich verstärkt für die Fotografie zu interessieren und fand in seinem Kollegen und Freund Olly – ein »Foto-Profi« – schnell einen Gleichgesinnten. Ich war unendlich erleichtert, dass Ralf etwas gefunden hatte, was ihn von den Sorgen um mich ablenkte. Und sein Blick für die kleinen Dinge im Alltag und die Schönheit deiner Schöpfung war natürlich durch unsere Geschichte geschärft. Du hast ihm Talent geschenkt. Ralf hat im Lauf der Zeit viele wunderschöne Aufnahmen gemacht, die jetzt zum Teil unsere Wände schmücken – und er hat Freude daran und damit auch wieder Freude am Leben! Danke, Gott, für Ralf!

Blaue Stunde ...

... ist ein feststehender Begriff, der in der Poesie und in der Fotografie verwendet wird. Er meint die Zeit der Dämmerung zwischen Sonnenuntergang und nächtlicher Dunkelheit. Kontraste sind abgemildert, es erscheint alles weicher, und stimmungsvolle Bilder können entstehen. Es ist eine Zeit des Übergangs – nicht mehr richtig hell und noch nicht ganz dunkel.

Ich persönlich mag solche »Halbheiten« eher nicht. Ganz oder gar nicht, schwarz oder weiß, hell oder dunkel. Herbst und Frühling sind ebenfalls Übergangszeiten zwischen den Jahreszeiten. Man sagt, in den Dämmerungsstunden sterben mehr Menschen. Meine Erfahrung aus dem Krankenhaus und aus der Altenpflege bestätigt das. Warum wohl? Fällt der Abschied in dieser Zeit leichter?

Aber zurück zur Fotografie: Ich habe ein bisschen recherchiert – es gibt einen »Dämmerungsrechner«, in dem man Standort beziehungsweise Längen- und Breitengrad eingeben kann und dann die genaue »Blaue Stunde« errechnet bekommt. Ende Dezember ist sie

42 Minuten lang. Eine begrenzte Zeit. Und der geneigte Fotograf muss bei der Jagd auf das perfekte Bild zur richtigen Zeit am richtigen Ort sein.

Ich fotografiere nicht viel (außer ein paar »Shots« für diesen Blog mit der Handy-Kamera), weil ich den Moment lieber auf meiner persönlichen Festplatte speichere als auf einem Datenträger. Trotzdem ist mir diese »Jagd« nicht ganz unbekannt. Ich habe auch nur eine begrenzte Zeit, um zur richtigen Zeit am richtigen Ort zu sein. Nämlich genau dort, wo das Leben mich hinstellt. Manchmal gefällt mir die Perspektive nicht, oder der Standort ist zu wackelig, das Motiv einfach nicht gut und der Himmel »ungnädig«, weil es regnet.

Ich kann losgehen, ein besseres Motiv suchen und den Standort wechseln. Aber es kostet mich Kraft und Zeit, die ich möglicherweise nicht habe. Also verwende ich die Energie doch lieber auf genau diesen Ort und dieses Motiv meines Lebens. Ein Motiv kann ein Gegenstand einer künstlerischen Darstellung sein oder eben ein Beweggrund oder Antrieb. Wie passend! Ein Antrieb, auch mit Situationen, Zeiten und Gegebenheiten zurechtzukommen, selbst wenn die Zeit nur kurz und die äußeren Umstände nicht perfekt sind. Genau das machen wir doch jeden Tag. Bestenfalls haben wir liebe Menschen an unserer Seite, die uns unterstützen. Manchmal nicht – aber dennoch sind wir nicht alleine!

Vielleicht ist die »Blaue Stunde« doch nicht so schlecht, auch wenn es aus meiner Sicht eher eine Halbheit ist. Immerhin bietet sie uns die Möglichkeit, die scharfen Kontraste (des Lebens) in einem milden, wohlwollenden und verzeihlichen Licht zu sehen, so wie Ingeborg Bachmann es in ihrem Gedicht beschreibt: »Gesellig die Lampen im blauen Licht, bis der Raum mit der vagen Stunde bricht …«

Und weiter: »Vom hohen Trapez im Zirkuszelt spring ich durch den Feuerreifen der Welt, ich gebe mich in die Hand meines Herrn, und er schickt mir gnädig den Abendstern.« (Ingeborg Bachmann, Die blaue Stunde, 1957)

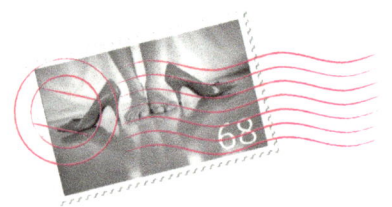

Gut oder böse?

Lieber Gott,

... so fangen viele Kindergebete an. Wenn du ein »lieber« Gott bist, bist du dann auch mal böse, schlecht gelaunt oder traurig? Wahrscheinlich sind das Emotionen, die nicht mal im Ansatz ausreichen, dich zu beschreiben oder gar zu verstehen. Ich weiß, die Frage warum ein guter, gnädiger, machtvoller Gott so viel Schlimmes zulässt, oder die, ob er vielleicht nicht »mächtig« genug ist, es zu verhindern (dann wäre er kein Gott), bezeichnet man als »Theodizee-Frage« – etwas, das die Menschen schon seit Jahrtausenden beschäftigt. Und wie du dir denken kannst, treibt mich diese Frage auch oft um. Ich habe dazu einen Artikel geschrieben, viel gelesen und ein Doktorandenkolleg mit Schwerpunkt Philosophie belegt. Beantwortet wurde meine Frage nicht. Wie auch?

Du weißt, dass ich oft vor Untersuchungsterminen genau diese Frage im Kopf habe, obwohl ich jedes Mal aufs Neue versuche, mich voller Vertrauen fallen zu lassen. Oft gelingt es mir. Aber eben nicht immer. Ich habe auf eine mittlerweile schon ziemlich zerknitterte Kateikarte einige Bibelsprüche geschrieben, die ich an diesen Tagen in meine Hosentasche stecke. »Sprich nur ein Wort, und dein Diener wird gesund werden« (Lukas 6,7) steht ganz oben. Diesen Satz spreche ich auf der Autofahrt oft mehrfach vor mich hin.

Ich musste bisher alle zwei Monate das volle Diagnostikschema durchlaufen. Die Kontrolluntersuchung nach Abschluss der Therapie habe ich verweigert. Ich hatte wahnsinnige Angst davor und war völlig außer mir. Ich kann gar nicht genau sagen, wieso, aber irgendwie wollte ich kein Ergebnis hören – weder, dass das Medikament nicht gewirkt hat, noch, dass es angeschlagen hat. Mir ging es zu dem Zeitpunkt verhältnismäßig gut und ich wollte einfach Ruhe haben. Durch einen Satz aus den Psalmen, den ich in einem Adventskalender fand (»Tu mir kund, welchen Weg ich soll schreiten, ich erhebe zu dir meine Seele« Psalm 143,8), erkannte ich – dank dir –, dass *ich* die Wahl habe und mich für oder gegen die Untersuchung entscheiden kann. Du gabst mir die Freiheit zu wählen!

Und das beantwortet vielleicht dann doch, zu mindestens für mich, die Theodizee-Frage: Wir Menschen haben die Freiheit, Gutes oder Böses zu tun, zu helfen oder wegzusehen, dir zu vertrauen oder es zu lassen.

Jedenfalls war es eine unendliche Erleichterung für mich, und ich sagte den Termin ab. Ich hatte allerdings nicht berücksichtigt, dass meine beiden Jungs und meine Eltern das vielleicht ganz anders sehen würden. Malte war wie immer pragmatisch: »Mach, wie du es für richtig hältst.« Meine Eltern sagten erst einmal etwas Ähnliches, aber mein Vater war ganz und gar nicht einverstanden und konnte meiner Argumentation nicht folgen. Er hatte einfach wahnsinnige Angst um mich und wollte mich nur behalten. Und deshalb sollte ich alles nutzen, was nur irgendwie zu meiner Rettung beitragen konnte. Er sagte mir, er würde seinen gesamten Besitz verkaufen, wenn es irgendwo ein Medikament geben würde, das mir hilft. Egal, ob in Amerika, China, Japan oder sonstwo. Es tat so weh, meinen starken Vater so leiden zu sehen. Deshalb bat ich dich wieder und wieder, mir Zeit zu schenken.

Ralf war zu der Zeit wieder beruflich in Amerika und wollte rechtzeitig zum Kontrolltermin zu Hause sein. Ich sagte ihm, dass der Rückflug nicht zeitkritisch wäre, da wir nicht zum Untersuchungstermin fahren würden. Als er dann zu Hause war, führten wir per Konferenzschaltung ein langes Telefonat mit Doc M.

Wie immer war er sehr empathisch und machte sachlich deutlich, dass ich mich mit dieser Entscheidung auf dünnem Eis bewegte. Falls das Medikament gewirkt hätte, könne ich mich ja freuen – falls nicht, hätten wir noch weitere »Pfeile im Köcher« – so sagte er. Er akzeptierte jedoch meine Entscheidung und machte mir ein Angebot, das ich annahm, allerdings eher aufgrund der Reaktionen meiner Familie: Doc M. würde einen oberflächlichen Tastbefund der Lymphknotenregionen vornehmen und den Tumormaker abnehmen lassen.

Der Tastbefund war unauffällig und das Ergebnis des Tumormakers fragte ich nicht ab. Ich wollte kein Ergebnis wissen. Es ging mir gut.

Wir sprachen viel in dieser Zeit, Gott. Bei einem unserer späteren Gespräche flüstertest du mir zu, dass ich irgendwann doch ein Staging machen sollte. Oder war es einfach nur meine eigene Neugierde? Nein – ich bin sicher, es war eine Antwort von dir!

Vier Wochen später teilte Doc M. mir mit, dass die Metastasen um fast die Hälfte kleiner geworden waren, aber immer noch da waren. Der von mir nicht abgefragte Tumormaker war bei Null. Das hieß: keine Aktivität, kein Wachstum! Das Wort Remission fiel zum ersten Mal! Ein riesiger Schritt in die von mir so erhoffte, gewünschte und erbetete Richtung! Du schenktest mir die »erbetete« Zeit!

Staffellauf

Der Tag danach ist geprägt von Erleichterung (natürlich nur bei guten Ergebnissen). Menschen wie ich müssen/dürfen alle paar Monate (bei mir ist es noch relativ engmaschig, alle zwei bis drei Monate) zu Kontrolluntersuchungen. In meiner Klinik heißt es »Staging«. Wikipedia definiert das »als Teil der Diagnostik, der der Feststellung des Ausbreitungsgrades eines bösartigen Tumors dient. Sie wird zur Basis für die Entscheidung, zu welcher Therapie den Patienten geraten wird.«

Ich würde es eher Staffellauf nennen: Man hat ein Ziel vor Augen, muss aber dazu verschiedene Positionen erreichen. Anders als beim richtigen Staffellauf gibt man den Stab allerdings nicht weiter, sondern trägt ihn selbst durch alle Stationen. Bei mir sind es sechs: CT,

MRT, Sonografie, Befundgespräch mit dem Radiologen, Labor und Abschlussgespräch mit dem Onkologen.

Das Schlimmste sind eigentlich noch nicht einmal die Untersuchungen an sich. Daran »gewöhnt« man sich mit der Zeit. Gut – toll ist es nicht, Kontrastmittel gespritzt zu bekommen und in dem wummernden MRT zu liegen, ohne sich bewegen zu können und zu dürfen. Auch das reichlich aufgetragene Gel für die Sonografie ist eklig. Ich mache immer die Augen zu, spreche ein Gebet und stelle mir die Hochries (mein Lieblingsberg im Chiemgau) bildlich vor. Die meisten Assistentinnen sind nett und kompetent, haben aber nicht viel Zeit für ein beruhigendes Gespräch oder wenigstens einen einfühlsamen Satz. Viel reden will ich aber eigentlich auch nicht. Ich möchte nur da durch!

Das Schlimmste sind eigentlich die Wartezimmer beziehungsweise die Warterei. Wartezimmer sind es in dem Sinn auch nicht, sondern eigentlich nur Stühle auf dem Flur. Es zieht, es ist kalt, ständig laufen Leute hektisch mit dem sprichwörtlichen »wehenden Kittel« vorbei, und die Stühle sind eine Zumutung! Kalt, hart, unbequem und orthopädisch eine Katastrophe (von Design ganz abgesehen, was aber ja auch eigentlich keine Rolle spielt).

Und wieso eigentlich »Wartezimmer«? Ich will nicht warten! Ich verbringe sowieso schon viel Lebenszeit bei Ärzten. Und ich habe doch einen Termin! Worauf warte ich also? Gut – es kann Verschiebungen geben, ein Notfall kommt dazwischen, sehe ich alles ein. Aber aus für mich nicht erkennbaren Gründen dauert es unnötig lange, bis ich endlich zur nächsten Station in meinem ganz persönlichen Staffellauf »darf«. Ach ja, absolut kontraproduktiv sind auch »Wartezimmergespräche«. Ich finde, die gehören verboten! Erstaunlich, was Menschen für ein unfassbares Halbwissen haben! Und wie gern sie auch Narben, Verbände oder Wunden zeigen – jedem! Ob man sie sehen will oder nicht! Natürlich reichlich garniert mit der entsprechenden Krankengeschichte, katastrophalen Unsachlichkeiten und verworrener Kenntnis von medizinischen Zusammenhängen. Ich will das nicht hören! Ich versuche gerade, meine eigene Stabilität zu behalten, und habe keine Kraft, interessiert und mitfühlend zu sein. Nicht jetzt, nicht an einem solchen Tag. Sonst gerne. Auch die Umstrukturierungsmaßnahmen und Verbesserungsvorschläge zu einer vernünftigen Organisation und Verkürzung von Wartezeiten von wohlmeinenden Patienten interessieren mich nicht, obwohl ich auch einiges beizutragen hätte ...

Das Gespräch mit der Radiologin ist o.k. Sie ist sachlich und formuliert einfühlsam. Ich habe das Gefühl, sie spricht mit mir und nicht mit einer DRG. Nächste Station: Labor. Hurra, der Venenkatheter liegt noch gut und ich muss nicht ein weiteres Mal gestochen werden! Eigentlich eine Kleinigkeit, trotzdem freut es mich. Letzte Station: Abschlussgespräch mit dem Onkologen Doc M. Diesmal gibt es ein richtiges Wartezimmer – und es ist knallvoll. Wieder Krankengeschichten. Und Lobeshymnen auf den Onkologen. Ich könnte einstimmen, denn sie sind berechtigt. Aber ich halte meinen Mund, versuche meine Ohren zu verschließen und schaue aus dem Fenster. Ich bin müde. Ich laufe beziehungsweise sitze diesen heutigen Staffellauf seit fünf Stunden plus eine Stunde Anfahrtsweg.

Das Gespräch mit Doc M. ist sehr gut, und er fragt nach meinen flankierenden Maßnahmen auf meinem Heilungsweg. Er sieht Körper und Seele und das tut gut!

Die Abschlussstation des Staffellaufs ist dann nicht etwa die Siegerehrung, sondern die Neuanmeldung ... In drei Monaten geht es wieder an den Start.

Freundinnen

Hallo Gott,

du hast mir wieder so viel Kraft geschenkt, dass ich reisen kann. Gerne in meine Lieblingsstadt Bamberg. Immerhin ist dort mein Sonnenschein Malte geboren. Ich habe schon einmal fast acht Jahre dort gelebt – junge, unbeschwerte Jahre.

Jetzt haben wir einen zweiten Wohnsitz in der Fränkischen Schweiz, 30 Kilometer von Bamberg entfernt. Noch ein Wunsch, den Ralf mir erfüllt hat. Wir sind oft dort »unten«. Immer dann, wenn eine Auszeit nötig ist, oder wenn Ralf auf Dienstreise ist. Du weißt, wie sehr ich diese Ecke von Deutschland liebe: zum Wandern, zum Bummeln durch Bamberg oder Bayreuth oder um dort meine liebe Freundin Barbara zu besuchen, die ich schon ewig kenne!

Nach der ersten Diagnose informierte Ralf viele unserer Freunde, und auch nach der zweiten rief er all unsere Freunde an. Ich hatte nicht die Kraft dazu, und es ging mir wohl ähnlich wie bei meiner Familie – ich fühlte mich schuldig, weil ich sie alle traurig machte.

Bei Barbara wollte ich selbst anrufen, aber erst nach der Operation. Vom Krankenhausbett aus rief ich sie an und sagte ihr, wie der Stand der Dinge war. Sie war natürlich schockiert, da sie wie ich Intensivschwester ist und genau wusste, was für eine Prognose ich hatte. Sie sagte: »Scheiße, Corinna – da hast du aber voll ins Klo gegriffen!« Ich wäre vor Lachen fast aus dem Bett gefallen, denn sie hatte ja so recht! Als wir beiden uns etwas beruhigt hatten, weinten wir und sprachen noch lange miteinander.

In den vergangenen Jahren hat Barbara viele Gebete für mich gesprochen und viele Kerzen angezündet. Sie ging mit mir shoppen, wandern, kochte mir etwas Vegetarisches und Gesundes, weinte und lachte mit mir. In einer Marien-Wallfahrtskirche sang sie ein Lied für mich. Und ich glaube, unsere Freundschaft ist noch intensiver geworden, weil wir voneinander wissen, wenn es einer von uns nicht gutgeht. Wir sind irgendwie miteinander verbunden, und wenn das Telefon klingelt, sage ich oft: »Ich wollte dich auch gerade anrufen.« Häufig beginnen wir gleichzeitig einen Satz oder stellen dann verblüfft fest: »Das wollte ich auch gerade sagen.«

Das du mir solche Freunde an die Seite gestellt hast, hat ganz sicher auch zu meinen Fortschritten auf dem Heilungsweg beigetragen. In meiner Stadt, direkt vor Ort, bin ich mit noch so einer Freundin gesegnet – ja, ich empfinde das als Segen! Ulrike sagt einfach immer das Richtige zur richtigen Zeit, und ich kenne niemanden, der so sorgsam mit Worten umgeht wie sie. Sie benutzt jedes mit Bedacht und wählt ganz besondere Formulierungen. Zudem schweigt sie an den richtigen Stellen und lässt einfach mal etwas so stehen. Sie muss nicht immer alles ausdiskutieren – wie angenehm! Sie brachte mir eine wunderbare Tomatensuppe und etwas zu lesen, als es mir schlecht ging und ich nichts essen konnte. Das hast du wirklich prima gemacht, dass du Freundinnen und Freunde an meine beziehungsweise unsere Seite gestellt hast. Denn auch Ralf hatte Freunde bitter nötig.

Zurück nach Bamberg. Du weißt, dass ich gerne shoppen gehe, aber in Bamberg gehe ich auch gerne »auf den Keller« – ein Biergarten auf den Hügeln von Bamberg, unter dem die Bierfässer lagern – und auch in die Kirchen. In St. Stephan wurde Malte getauft – eine herrliche weiß, gold, hellblau, rosa Barockkirche – oder in den Bamberger Dom. Aber meine Lieblingskirche ist St. Michael, auch Michelskirche genannt. Im Moment ist sie leider gesperrt wegen Einsturzgefahr.

Kirchen sind für mich schon immer besondere Orte gewesen. Heiliger Boden. Gefüllt mit vielen Kunstschätzen. Durchbetete Räume. Wünsche, Hoffnungen, Ängste und Sorgen – all das wurde hier vor dich gebracht. Und immer das Gefühl, dir etwas näher zu sein. Ist das so, Gott? Hörst du Gebete aus einer Kirche eher? Wiegen sie mehr?

Keine Ahnung! Jedenfalls fühle ich mich in Kirchen sicher. Und deswegen gehe ich auch immer in eine Kirche, wenn wir einen Ort neu entdecken, und füge den durchbeteten Räumen ein weiteres Gebet hinzu.

Himmelsgarten (Bamberg)

Wenn man durch den Torbogen das Gelände des ehemaligen Benediktinerklosters betritt (heute ist dort ein Seniorenheim), ist man außer Atem, denn der Weg ist relativ steil. St. Michael oder der Michelsberg, wie er liebevoll genannt wird, liegt auf dem höchsten Hügel von Bamberg und wird deshalb oft fälschlicherweise mit dem Dom verwechselt, der tatsächlich nur wenige hundert Meter entfernt, aber etwas niedriger, auf einem anderen Hügel liegt.

Die im Kern romanische Kirche, die um 1015 gegründet, aber mehrfach zerstört wurde, hat heute eine barocke Außenfassade und eine gewaltige Treppe mit vorgelagerter Terrasse. Das lässt St. Michael ein bisschen wie ein Schloss aussehen. Verstärkt wird dieser Eindruck von dem breiten Weg, der direkt auf die Treppe und das Portal zustrebt. Die Seiten sind gesäumt von einem Bibelgarten, in dem Sträucher, Kräuter und Blumen wachsen, die schon in der Bibel erwähnt werden. Ich finde es schön, dass manche Dinge Tradition haben.

Wenn man aus dem Sonnenlicht in die Kühle des Kircheninneren kommt, richtet sich der Blick eigentlich durch den Mittelgang auf die gewaltige Kanzel und die prächtigen Altäre. Aber hier wird unweigerlich der Blick nach oben gezogen, und man sieht über sich – im gesamten Mittelschiff und in beiden Seitenschiffen – eine wunderbare Fortsetzung des eben erst betrachteten Bibelgartens: das Herbarium – den Himmelsgarten. Man fühlt sich wie in einer Laube, und die Farbenpracht ist überwältigend: Kräuter, Blumen, Obst (Ananas, Granatäpfel) und sogar Vögel sind in einer verblüffenden Vielfalt zu sehen. Insgesamt sind es fast 600 Pflanzen, die man hier betrachten kann! Fast alle Pflanzen sind in blühendem oder Frucht tragendem Zustand abgebildet und naturgetreu in Form und Farbe wiedergegeben. Die Gemälde wurden 1617 fertiggestellt, und man findet hier sogar schon Pflanzen, die erst im 16. Jahrhundert in Deutschland bekannt wurden, zum Beispiel Flieder, Jasmin und Goldregen. Die Detailtreue und die Farbenpracht sind überwältigend. Ich kann mich schier nicht sattsehen daran und weiß, dass ich wie jedes Mal eine Genickstarre haben werde, wenn ich den Michelsberg verlasse. Trotzdem liebe ich diesen Himmelsgarten sehr.

Das ist aber nicht das einzig Bemerkenswerte an St Michael. In der Krypta befindet sich das Grab des Bischofs Otto, der 1189 heiliggesprochen wurde. Es ist ein Hochgrab, unter dem es einen Durchgang gibt. Der Sinn: Die Gläubigen wollten der Reliquie ganz nahe sein und durch ihre gebückte Haltung, die der Durchgang erfordert, ihre Verehrung zeigen. Noch heute gehen viele Pilger in gebückter Haltung unter dem Grab hindurch. Das soll von Rückenleiden befreien. Der Durchlass ist allerdings nur etwa hüfthoch und man muss sich tief beugen, um hindurch zu kommen. Ich habe es selbst versucht in der Hoffnung, dass es auch gegen andere Krankheiten hilft. Wer dort durchkrabbeln kann, hat sicher kein Rückenleiden!

Durch die hellen Farben und die bunten Deckengemälde wirkt die Kirche sehr licht, was durch die üppigen Goldaltäre, die ein Kunstwerk für sich sind, noch unterstützt wird. Die Kirche mit dem Himmelsgarten ist für mich eine der schönsten Kirchen, die ich gesehen habe – und ich war schon in einigen großen und berühmten europäischen Kirchen (Florenz, Rom, Paris, Madrid, London, Edinburgh und so weiter). Dieser durchbetete Kirchenraum taucht oft in meinen Träumen auf und lässt mich dann voller Sehnsucht nach »meinem« Bamberg wach werden.

Vorbereitung und Vorträge

Hallo Gott,

an den meisten Tagen lässt du mich erholt und gut ausgeruht aufwachen, und dann habe ich Kraft und Energie, das zu tun, was ich so gerne tue – schreiben. Während ich meinen ersten Kaffee trinke, fahre ich schon den Laptop hoch und freue mich, dass ich wieder loslegen kann. Denn mein Blog lief gut, sehr gut sogar. Es gab wahnsinnig viele Seitenaufrufe, was mich riesig freute. Überall sah und hörte ich etwas, über das ich schreiben wollte. Ich fühlte mich ein bisschen wie Carrie Bradshaw aus der amerikanischen Serie »Sex and the City«. Sie schreibt darin eine Kolumne. Ich schrieb den Blog als Kolumne über mein Leben.

Jedenfalls erlangte ich in der medialen Welt eine gewisse Bekanntheit. Dann erhielt ich eine Anfrage per Mail, ob ich einen Vortrag bei einem onkologischen Pflege-Forum an der Uniklinik in Regensburg zu meinen »Pinkfarbenen Schuhen« halten wolle. Ich war geschmeichelt, freute mich riesig und willigte sofort ein.

Wieder hast du mich überrascht, Gott. Noch ein paar Monate zuvor hatte ich nicht zu hoffen gewagt, dass es mir für solche Aktivitäten gut genug gehen und dass ich überhaupt noch leben würde. Das motivierte mich natürlich noch mehr. Ich war sehr dankbar. Du kennst mich und weißt, dass ich gerne Vorträge halte. Das habe ich schon früher gemacht. Es stört mich nicht, wenn mehrere hundert Menschen vor mir sitzen und zuhören. Für Regensburg waren etwa 450 Teilnehmer angemeldet. Du hattest aber noch mehr für mich parat, denn zu diesem Zeitpunkt wusste ich nicht, dass ich einige Monate später einen weiteren Vortrag über »Die Kraft der Worte«, basierend auf einem meiner Fachartikel, in Kassel vor 1400 Leuten halten sollte. Regensburg kannte ich nur flüchtig. Natürlich besuchte ich vor dem Vortrag den wunderschönen Dom.

Du hast mich mit einer gehörigen Portion Perfektionismus ausgestattet, sodass ich mich natürlich gut auf den Vortrag vorbereitet habe. Und dafür hieltest du wieder eine Begegnung mit einer faszinierenden Persönlichkeit für mich bereit, die ich schon einmal in einem Seminar kennengelernt hatte.

Zur Vorbereitung buchte ich einen Kurs – und wieder eine von dir initiierte tolle Begegnung! Das scheint so etwas wie ein »roter Faden« (pinkfarbener Faden?) zu sein, der sich durch meine geschenkte Zeit zieht. Oder bin ich achtsamer für Begegnungen geworden? In meinem Job traf ich früher auch alle möglichen Leute. Namen – Gesichter, gar nicht wirklich wahrgenommen und nicht zugehört – schon vergessen. Du hast dafür gesorgt, sicher auch durch die Notfallseelsorge, dass mich Menschen wieder »berühren« und nicht nur wie eine Nebelschwade vorbeiziehen.

Und nicht nur das! Ich lerne, durch jede neue Begegnung die Kostbarkeiten meines Lebens neu zu bewerten, oder besser noch: sie zu betrachten und hinzunehmen.

Die Vorträge in Regensburg und in Kassel liefen sehr gut, ich hatte viel Spaß.

Literaturkurs

Am letzten Wochenende besuchte ich einen Literaturkurs. Eine echte Theater- und Fernsehschauspielerin aus Bremen, Christine Mattner (hat schon im Tatort mitgespielt), die selbst auch schon einige Bücher veröffentlicht hat, war die Dozentin. Letztes Jahr hatte ich schon einen Kurs bei ihr besucht. An diesem Wochenende ging es nun darum, wie man seine eigenen Texte präsentiert, zum Beispiel in Lesungen, oder bei einen Vortrag. Ich werde im April einen solchen über »Pinkfarbene

Schuhe« beim onkologischen Pflegetag an der Uniklinik Regensburg halten. Der Kurs kam also gerade zur rechten Zeit.

Wir waren insgesamt sieben Frauen. Neben der Dozentin kannte ich noch drei andere aus dem letzten Kurs. Es war toll, sie alle wiederzutreffen und von ihren Entwicklungen zu hören. Ich hatte auch etwas zu berichten, und wir waren schnell in ein angeregtes Gespräch vertieft, als Christine »die Bühne betrat«. Und das tat sie wirklich im Wortsinn! Es war ein Auftritt, der nicht künstlich wirkte. Sie strahlte eine Präsenz aus, die ich selten erlebt habe. Sie ist nicht mehr ganz jung, wirkt aber auf eine gewisse Weise alterslos. Sie fesselte sofort unsere Aufmerksamkeit und die angeregten Gespräche verstummten.

Es ging erst einmal gar nicht so sehr um die Texte, die wir vorlasen oder referierten, stattdessen übten wir den Auftritt und den Abgang. Das war etwas, worüber ich mir bisher nie große Gedanken gemacht hatte. Ich hatte schon überlegt, wie und wo ich stehe (Rednerpult, Podiumsdiskussion oder am Vortragstisch), welche Medien ich einsetze und natürlich, welches Outfit (ganz wichtig: Schuhe!) ich trage. Aber der Auf- und Abgang war bisher bei mir eher: aufstehen, hingehen, danken für die Vorstellung und los!

Weit gefehlt! Unsere großartige Schauspielerin Christine zeigte uns einen Auftritt, der sofort das Interesse weckt: Man wartet, bis alles ruhig ist, und geht dann mit zugewandtem (lächelndem) Gesicht zu seinem Platz (den man vorher genau in Augenschein genommen hat). Und – man genießt den Auftritt! Daher geht man relativ langsam, auch um den Menschen Gelegenheit zu geben, einen anzusehen: Schaut her, hier bin ich und ich habe euch etwas zu sagen. Ich war »geflasht« (würde Malte sagen). Ich hatte nicht gedacht, dass die ersten Minuten so wichtig und entscheidend sind. Bisher hatte ich meinen Fokus eher auf die Inhalte gelegt.

Beim Abgang nimmt man sich kurz Zeit, den Applaus zu genießen, geht dann aber noch während des Beifalls zügig nach draußen. Natürlich sollte es keine Flucht sein, denn wenn der Applaus anhält, kommt man noch einmal zurück. Aha!

Das übten wir mehrere Stunden, immer in der Reflexion mit den anderen Frauen. Sehr spannend, was andere an einem wahrnehmen, wenn man versucht, sich auf den Auftritt und Abgang zu konzentrieren. Dinge, die man selbst gar nicht bemerkt. Ich mache zum Beispiel zu große Schritte, wurde mir gesagt. Ja, das stimmt – ich habe ein Ziel und darauf gehe ich mit großen Schritten zu. Immer! Bei meinem Vortrag werde auf jeden Fall versuchen, mich an diese Tipps zu erinnern.

An meinen ersten Auftritt (ins Leben) kann ich mich natürlich nicht erinnern. Ich konnte ihn auch nicht üben. Meinen Abgang werde ich ebenso wenig üben können. Ob es auch »Applaus« geben wird für eine gut dargebrachte Lebensleistung?

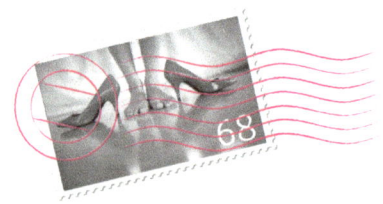

Gewinn und Verlust

Hallo Gott,

manche Prozesse verlaufen schleichend und bleiben erst einmal unbeachtet. Es ist mein erster Geburtstag – ein Jahr nach Therapieende. Ein Jahr überlebt! Und das, obwohl jeder gedacht hat, dass ich nur noch ein paar Monate habe und es nicht einmal bis Weihnachten schaffe. Der Prozess der Heilung ist zwar schleichend verlaufen, denn die Metastasen sind immer noch da, aber dann eben doch nicht unbeachtet! Wenn ich Kopfschmerzen habe, denke ich: aha – Hirnmetastasen, bei Husten: aha – Lungenmetastasen, und bei Bauchweh: aha – Metastasen überall.

Nein, Gott, ich beobachte dein Tun sehr genau! Und meistens bin ich ganz zufrieden damit. Oft auch dankbar und demütig, dass du mich bis hierher geführt hast. Glücklich jedes Mal, wenn der Tumormaker bei Null ist und kein Wachstum in den CT-Bildern zu erkennen ist. Ich betrachte deine Schöpfung mit anderen Augen, jeder neue Tag ist ein Geschenk! Das weiß ich sehr zu schätzen. Ich habe den Eindruck, ich habe mich verändert. Ich bin gelassener geworden und nachsichtiger. Wozu ärgern, wozu genervt sein? Wenn ich nicht ändern kann, was mich stört, brauche ich auch keine Kraft in die Frustration zu investieren – und wenn ich etwas ändern kann, sollte ich die Energie darauf verwenden. Eigentlich eine ganz einfache Gleichung. Du weißt, dass mir nicht immer gelingt, was ich gerade so blumig an dich geschrieben habe. Aber es gelingt mir wesentlich häufiger als vor der zweiten Diagnose.

Sollte ich dir etwa dafür dankbar sein? Ich glaube nicht! Denn gerne hätte ich durch andere Mittel erkannt, was ich im letzten Jahr über das Leben gelernt habe. Aber das ist wohl mein Weg, den ich mit dir gehen soll.

Auch um mich herum hat sich einiges verändert. Neue Menschen sind in mein Leben getreten, einige sind mir näher gekommen, der Kontakt ist intensiver geworden, und einige haben sich abgewandt. Oder war ich es? Wer war daran »schuld«? Nicht zu klären, und es ist auch egal. Alles hat wohl seine Zeit. Manchmal auch Freundschaften.

Erwartungen

Ein neues Jahr hat begonnen, und wir sind voller Erwartungen. Was wird es uns bringen? Hoffentlich viel Gutes! Bessere Gesundheit, Glück in der Liebe, Erfolg im Job und, und, und.

Doch manchmal werden unsere Erwartungen nicht erfüllt. Dass uns das Leben nicht alles schenkt – nun gut, das nehmen wir mehr oder weniger gelassen hin. Es entzieht sich oft schlicht unserem Einfluss. An machen Umständen können wir eben nichts ändern. Es fällt uns aber deutlich schwerer, Erwartungen, die wir an andere Menschen haben und die nicht erfüllt werden, zu tolerieren und hinzunehmen.

Nur – wessen Schwäche ist das eigentlich? Die des anderen? Oder habe ich selbst zu hohe oder gar falsche Erwartungen an den anderen? Konnte er ihnen gar nicht gerecht werden? Vielleicht habe ich sie nicht klar genug formuliert oder war mein Anspruch einfach zu hoch?

Und was ist mit mir? Erfülle ich alle Erwartungen? Als Kollegin, Mutter, Ehefrau und Freundin? Bin ich eine gute Tochter? Ein engagiertes Mitglied in der Gemeinde? Was hat die Gesellschaft für Erwartungen an mich? Und wie, um Himmels Willen, soll ich dem allem gerecht werden? Das übersteigt bei Weitem meine Kraft. Ich verliere den Überblick und gerate ins Trudeln.

Wenn es mir so geht, dann den Menschen, die meine Erwartungen nicht erfüllt haben, doch sicher genauso! Auch sie haben vielleicht den Überblick verloren. Darum handeln sie nicht, wie ich es mir wünschen würde, und lassen mich enttäuscht zurück. Das tun sie nicht mit böser Absicht. Daher ist es eigentlich an mir, nachsichtig zu sein. Denn das erwarte ich doch auch, wenn ich nicht allen gerecht werden kann. Ist meine Enttäuschung vielleicht nur ein Spiegelbild meiner eigenen Angst vor dem vermeintlichen Versagen? Gehe ich deshalb so hart ins Gericht mit denen, die überfordert sind mit meinen hohen Ansprüchen? Und wieso schwinge ich mich zur Richterin auf, wo ich doch selbst so fehlbar bin?

Vielleicht sind Barmherzigkeit, Nachsicht und Güte meine Worte für das neue Jahr. Das sind Begriffe, die im täglichen Sprachgebrauch nicht so häufig vorkommen (Ulrike benutzt sie öfter). Vielleicht gehen sie mir deshalb so schwer über die Lippen. Sie sind einfach nicht modern. Heute ist das Jahr noch jung genug, um einen Vorsatz zu fassen, der sicher nicht so einfach umzusetzen ist. Es ist viel einfacher, sich über die Schwäche anderer aufzuregen und darüber zu lamentieren, was sie alles versäumt haben. Ich möchte es gerne versuchen in diesem neuen Jahr: ein Licht anzuzünden, anstatt über die Dunkelheit zu klagen.

Existenzberechtigung

Hallo Gott,

über meine Eitelkeit haben wir ja schon gesprochen. Und über Veränderungen. Eigentlich hat es im letzten Jahr genug Veränderungen gegeben. Ich wäre dir dankbar für eine etwas ruhigere Zeit. Ein ganz normaler Alltag wäre schön!

Neulich fragte mich Doc M.: »Was machen Sie eigentlich so den ganzen Tag?« Sofort hatte ich das Gefühl, mich erklären zu müssen. Hatte ich mit meiner weitgehend stabilen Remission eine Existenzberechtigung als Frührentnerin? Nun ist es ja nicht so, dass ich in Jogginghose den ganzen Tag vor dem Fernseher sitze und Daily Soaps gucke, um mal ein Klischee zu bemühen.

Ich habe dich schon wieder gefragt, ob ich die geschenkte Zeit sinnvoll nutze, und deine Antwort kam prompt. Mein Job ist es, aktiv an meiner Heilung mitzuarbeiten. Ich habe natürlich viel gelesen über gesunde Ernährung, Sport und Krebs, Prävention, komplementäre Medizin und so weiter. Tatsächlich ist mein Wochenkalender mit mindestens drei festen »Gesundheitsterminen« gespickt. Infusionstherapie bei meinem Bio-Doc S., Physiotherapie bei Christoph und Yoga bei Johanne. Ich gehe jeden Tag mindestens zwei Mal mit Rala spazieren – insgesamt über eine Stunde, meistens mehr. Den blöden Haushaltströdel lasse ich lieber unerwähnt. Ich bin ehrenamtlich als Notfallseelsorgerin tätig, pflege viele Kontakte und Freundschaften und schreibe mindestens zwei Blogbeiträge pro Woche, halte gelegentlich Vorträge (die auch vorbereitet werden müssen) und habe einen Lehrauftrag als Dozentin an einer Hochschule. Was denkst du, Gott? Ist das ein normales Leben? Wie habe ich das früher nur alles geschafft? Malte ging noch zur Schule und ich hatte eine Job im Management!

Wenn ich ehrlich bin, gefällt mir mein Leben so, wie es jetzt ist, eigentlich viel besser. Ich habe allerdings weniger Argumente, mir neue Kleider zu kaufen, da ich für den Job eben einfach nichts mehr brauche.

In dem Gespräch mit Doc M. sprach ich es endlich das erste Mal aus: »Es ist die beste Zeit meines Lebens!« Ja, Gott – auch diese Erkenntnis hast du mir geschenkt, auch wenn es etwas länger gedauert hat, bis ich das sagen konnte. Danke!

Tag der Jogginghose

Dieser Tag wurde offensichtlich nicht von der Modebranche ausgerufen, denn von »Mode« kann man bei einem solchen Outfit wohl eher nicht sprechen. Dennoch befasst sie sich intensiv mit diesem Tag. Selbst der Süddeutschen Zeitung war dieser Tag einen Artikel wert, im Internet erhielt ich diverse Kaufvorschläge (unter anderem eine pinkfarbene Jogginghose), und Malte erinnerte mich mehrfach, dass es einen »Feiertag« dafür gibt.

Bei uns heißt die Jogginghose »Schimmelhose« – man kann darin faulenzen, bis man Schimmel ansetzt. In der Tat suggeriert dieser ausgebeulte, wenig Figur betonende Schlabberlook – meistens in grau, schwarz oder dunkelblau (manchmal sind sie sogar komplett aus Plastik!) – das Gefühl, eine »Couchpotato« zu sein.

Ich bin ein konsequenter »Schimmelhosen-Verweigerer«. Die einzige Ausnahme sind Erkrankungen – nicht wegen einer modischen Geschmacksverirrung, die mich dann befällt, sondern wegen irgendwelcher körperlichen Gebrechen oder Krankenhausaufenthalten. Das ist in meinen Augen der einzige Grund und eine einzige Ausnahme, die diesen Mode-Fauxpas rechtfertigt.

Die jüngere Generation sieht das offensichtlich anders. In Studentenkreisen scheint es üblich zu sein, auch dauerhaft den Schlabberlook zu tragen. Jedenfalls zum Einkaufen-Gehen und manchmal auch in der Vorlesung. Malte, der Weise, hat dazu eine Theorie entwickelt, die das rechtfertigt: Durch das Tragen von Jogginghosen kann man die Welt retten!

Wie das? Er untermauerte seine steile These mit einer auf den ersten Blick etwas kuriosen Argumentation: Durch das Tragen von Jogginghosen entsteht ein gewisser »Wohlfühlfaktor« (da könnte sogar etwas Wahres dran sein). Dieser führt zu einer allgemeinen Entspannung (o.k. – auch noch nachvollziehbar), was wiederum zu einer friedlicheren Grundstimmung führt (hm, hier wird es schon schwierig). Wenn also alle Menschen und besonders die Entscheidungsträger eine Jogginghose tragen würden, würden sie keine kriegerischen oder sonstigen negativen Entscheidungen treffen – und voilà – die Welt ist besser! Soweit seine Theorie. Jetzt aber die alles entscheidende Frage: Wieso tragen dann die Teilnehmer des G8-Gipfels oder die Menschen in der UNO-Vollversammlung, der Duma und im Bundestag keine Jogginghosen?

Fazit: »Schimmelhosen-Theorie« hin oder her – die jüngere Generation sieht offenbar Verbesserungspotenzial an und in unserer Welt und hat die berechtigte Hoffnung, dass es (wie auch immer ...) klappen könnte. Ich finde dieses hoffnungsvolle Bestreben wunderbar und werde das schlimmstenfalls sogar durch das Tragen von Jogginghosen unterstützen.

Angst

Wann, Gott,
   werde ich endlich aufhören, Angst zu haben? Wann werde ich dir ganz vertrauen?

Ich hatte einen Friseurtermin bei meiner Freundin Nicole vereinbart und überlegte, was ich mit meinen Haaren machen sollte. Seit einigen Tagen hatte ich verstärkt Schmerzen an meiner Operationsnarbe. Das ist eigentlich nichts Besonderes, denn die Narbe tut immer weh – jeden Tag, mal mehr, mal weniger. Bei der Überlegung, was mit meinen Haaren anzufangen wäre, hatte ich einen Lymphknoten ertastet ... Mir wurde erst heiß, dann kalt, und ich fühlte mich wie nach einer »Eiswasser-Challenge«.

Ich habe an meinem Badezimmerschrank einen Vergrößerungsspiegel angebracht. Man kann damit jede einzelne Wimper sehen, aber auch meine Narbe betrachte ich damit jeden Tag. Ich fummelte hektisch daran herum. Natürlich tat es dadurch noch mehr weh. Ja, ich hatte mich nicht getäuscht: Deutlich spür- und tastbar, da war ein Lymphknoten! Und er war vor ein paar Tagen sicher noch nicht da gewesen!

O Gott! War das das Ende der Remission? Begann alles von vorn? Bewegte ich mich auf das Ende zu? Gedanklich schloss ich schon ab – und überlegte, welche Termine ich absagen müsste, wenn wieder eine Operation anstünde. Oder wollte ich keine mehr? Allein der Gedanke daran, dass an meiner malträtierten dauerschmerzenden Narbe auch nur irgendwie manipuliert würde, machte mich schockstarr.

Ich rief in der Onko-Ambulanz bei Doc M. an und meine Lieblingsschwester Julia sagte: »Kommen Sie gleich her; aber fahren Sie vorsichtig. Ich informiere Doc M. und mache einen Ultraschalltermin für Sie aus. Dann haben wir Gewissheit.«

Ich brach in Tränen aus, Gott. Diesmal nicht aus Angst, sondern weil die Schwester so unbürokratisch vorging und »wir« sagte. Ich fühlte mich durch ihre Worte beschützt und begleitet.

Hast du durch sie gesprochen? Sind solche Menschen Engel ohne Flügel? Für mich war es jedenfalls so. Ich informierte weder Ralf noch Malte noch sonst jemanden. Ich wollte niemanden unnötig ängstigen und erst selbst Gewissheit haben. Auf der fast einstündigen Fahrt redete ich die ganze Zeit auf dich ein, Gott. Betete, bettelte, schimpfte, schmollte und weinte. Und haderte, warum ich dir nicht einfach vertrauen kann. Du streckst mir gerade in solchen Situationen die Hand hin, ich muss sie nur ergreifen. Denn egal, was passiert, ich bin nicht alleine! Ich hatte trotzdem schreckliche Angst. Ich möchte so gerne leben, Gott! Du schicktest einen Schutzengel, denn ich kam trotz tränenblinder Augen heil im Krankenhaus an.

Ich hatte Glück und durfte gleich ins Behandlungszimmer gehen, allerdings war Doc M. nicht da – irgendein Kongress in Toronto oder so. So ein Mist! Stattdessen kam eine junge, sehr nette Ärztin, die ich von der Therapie schon kannte. Ich brach vor ihr erneut in Tränen aus und schilderte ihr, was ich ertastet hatte. Sie blieb ruhig und tastete ebenfalls an der Narbe entlang. »Ja, da ist etwas« – fast wäre ich kollabiert – »aber das fühlt sich für mich nicht dramatisch an. Der Lymphknoten ist weich und gut verschiebbar. Das ist erst einmal ein gutes Zeichen! Aber wir machen zur Sicherheit ein Ultraschall. Wir haben sie schon in der Radiologie angemeldet.« Ich wäre ihr am liebsten um den Hals gefallen, denn diese Aussage beruhigte mich schon mal sehr. Und der Ultraschall würde hoffentlich den gleichen Befund bringen.

In der Radiologie musste ich allerdings lange warten. Und du saßt wieder auf dem Stuhl neben mir. In manchen Augenblicken ist deine Gegenwart für mich sehr deutlich spürbar. So wie in dieser Wartezeit. Und plötzlich war ich ganz ruhig. Als ich auf der Untersuchungsliege lag und der Radiologe fragte, was los sei, hätte ich eigentlich gleich gehen können. Ein Ultraschall wäre da schon nicht mehr nötig gewesen. Irgendwie *wusste* ich, dass es nur ein »reaktiver«, also normaler Lymphknoten ist. Und genau das bestätigte der Arzt auch ein paar Minuten später, als er mit reichlich Gel und dem Ultraschallkopf über das Narbengebiet gescannt hatte. Das kommt vor, weil zum Beispiel ein Infekt im Anzug ist oder schon wieder abklingt, sagte er mir. Denn eigentlich sind Lymphknoten ja etwas Gutes!

Auf dem Rückweg quasselte ich wieder die ganze Zeit auf dich ein. Überwiegend mit Dankesbekundungen, aber auch mit der Frage, ob diese Aktion wirklich nötig war, und mit Selbstvorwürfen, warum ich nicht einfach *glauben* kann, dass alles gut wird. Lass mich einfach glauben, Gott!

Am nächsten Tag nahm ich meinen langersehnten Friseurtermin wahr und freute mich, dass ich ihn nicht in blindem Aktionismus abgesagt hatte.

Bad Hair Day

Seit Wochen habe ich das Gefühl, dass ich jeden Tag einen »Bad Hair Day« habe! Ich werkele mit Fön, Rundbürste und Glätteisen herum. Ja, das ist meine neueste Errungenschaft! Ich hatte bisher kein Glätteisen. Warum nicht? Weil ich über 40 Jahre lang glatte Haare hatte. In unterschiedlicher Länge. Bis zur Konfirmation fast hüftlang, dann durfte ich sie abschneiden und hatte einen furchtbaren Pilz- beziehungsweise Topfschnitt. Grauenhaft, aber so war das Ende der 70er. Ich trug meine Haare dann wieder überwiegend lang bis sehr lang, aber auch mal einen Pagenschnitt. Sah gut aus bei meinen glatten Haaren!

Seit einigen Wochen gibt es eine erhebliche Veränderung (außer dass graue Haare dazukommen, was aber bei meinen leicht rotblonden Haaren nicht so massiv auffällt). Nach der Therapie sind mir die Haare zum Glück nicht ausgefallen. Sie sind allenfalls etwas dünner geworden, aber das ließ sich gut kaschieren. Seit einiger Zeit wellen sich meine Haare jedoch, sind »krusselig« und fühlen sich auch ganz anders an. Erst dachte ich, ich würde mir das einbilden oder ich hätte eben eine »Bad Hair Week«. Deshalb besorgte ich mir auch ein Glätteisen, das ich gut fand und das gewünschte Ergebnis lieferte.

Vor ein paar Tagen war ein »Hairstyling« bei der Friseurin meines Vertrauens fällig. Ich habe den allergrößten Respekt vor diesem Beruf. Nicht nur, dass die Friseure eine fundierte Ausbildung haben, den ganzen Tag stehen müssen, mit giftigen Chemikalien arbeiten – nein, sie sind auch noch Seelsorger und Therapeuten! Unfassbar, welche Gespräche stattfinden, wie meine Friseurin Nicole erzählt. Lebensberatung, Beziehungsprobleme, Familientragödien und Kinderblabla. Und das alles so nebenbei. Unentgeltlich! Endlich jemand, dem man sein Herz ausschütten kann und der nicht wegläuft, bis die Frisur fertig ist.

Zurück zu meinem Problem (wenigstens ist es ein Fachproblem): Ich weinte Nicole meine Beobachtung von meinen zunehmend veränderten Haaren vor und bat sie um eine Analyse und ihre Hilfe. Sie runzelte die Stirn, fuhr prüfend mit ihrer fachkundigen Hand durch meine Haare, betrachtete einzelne Strähnen genauer und sagte zu meinem Entsetzen: »Die Haare kenne ich nicht an dir.« Wie bitte? Sie bestätigte, dass sich die Struktur der »neuen« Haare verändert hatte – also sind die Haare, die nachgewachsen sind, die von jemand anderem?

Sie würde das öfter nach medikamentöser Therapie beobachten, dass sich Struktur oder sogar die Haarfarbe ändere, sagte Nicole. Ach du Schreck, da kann ich ja noch froh sein, das ich nicht plötzlich pechschwarze Haare bekommen habe! Ich müsste meine gesamte Garderobe umstellen! Außerdem sähe das zu meinem eher blassen Hautton wahrscheinlich ziemlich dämlich aus …

Ich litt also offensichtlich nicht unter fortgeschrittenen Wahrnehmungsstörungen, sondern hatte mit meiner Vermutung recht – ich werde demnächst ein Lockenkopf sein! Wie gut, dass ich ein Glätteisen habe! Und wie wundervoll, dass ich die Zeit und die Muße habe, mich mit so profanen Nebensächlichkeiten zu beschäftigen. Vor ein paar Monaten habe ich keinen Gedanken an solche Äußerlichkeiten verschwendet, und jetzt kann ich diese kleinen »Problemchen« richtig genießen! Ich liebe »Bad Hair Days«! Denn es sind Tage, an denen ich lebe!

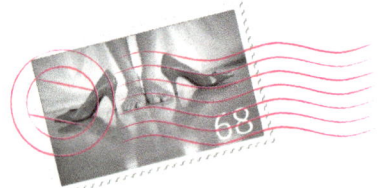

Mama

Stimmt es, Gott,

dass du, weil du nicht überall gleichzeitig sein kannst, die Mütter erschaffen hast? So sagt man doch, oder? Meine Mutter ist jedenfalls die Allerbeste! Und einfach unglaublich! Als sie vor mehr als zehn Jahren an Brustkrebs erkrankte, sagte sie ganz pragmatisch: »Ich kann jetzt noch nicht sterben, ihr braucht mich doch noch!«

Und wie recht sie hatte. Fünf Jahre später wurde ich krank, und was hätte ich nur ohne sie gemacht? Meine Eltern wohnen knapp zwei Autostunden von uns entfernt, aber wir sehen uns mindestens einmal im Monat. So haben wir es vereinbart, weil wir gerne Zeit miteinander verbringen. Ich rufe sie jeden Morgen gegen neun Uhr an. Und manchmal telefonieren wir auch tagsüber noch einmal miteinander. Meine Eltern besuchen uns auch ab und zu in Franken. Wir haben dann immer sehr viel Spaß, ich chauffiere sie zu den schönsten Ecken, und abends essen wir in urigen Dorfgaststätten. Ich kann herrlich mit meiner Mutter herumalbern, aber mich auch mal auskollern, wenn es nötig ist. Sie ist eine sehr kluge Frau mit einem großen Herz voller Liebe und hat immer einen Rat für mich.

Als ich total zerschunden aus dem Krankenhaus kam, blieb sie eine Woche da und pflegte mich, munterte mich auf und machte mit mir Kreuzworträtsel. Das war damals das Einzige, wozu ich halbwegs in der Lage war. Sie las mir die Fragen vor und trug die Buchstaben in die dafür vorgesehenen Kästchen ein. Das lenkte mich ein bisschen ab und wir lachten oft. Und natürlich kochte sie mir all meine Lieblingsgerichte, von denen ich aber immer nur ein paar Bissen aß. So sind Mütter. Du hast meine Mutter für mich ausgesucht. Das hast du wirklich toll gemacht, Gott – ganz ehrlich!

Mütter

Das GEO-Heft »Mütter« sprach mich sofort an – warum wohl? Weil ich auch eine Mutter habe (wie natürlich jeder Mensch) und selbst seit fast 23 Jahren eine bin.

Mütter sind etwas Besonderes. Einzigartig. Sie schenken Leben und prägen uns. Mütter sind aber auch nur Menschen. Mit Schwächen und Fehlern. Als Malte ein halbes Jahr alt war, bin ich bis zu acht Mal nachts aufgestanden. Ich weiß bis heute nicht, ob das richtig oder falsch war. Ich war tagsüber entsetzlich müde und am Ende meiner Kräfte und mein Kleiner dafür topfit. Ich hätte ihn nicht brüllen lassen können. Ich bekam von Freundinnen natürlich viele gut gemeinte Ratschläge, die ich ignorierte und mich stattdessen auf meine Intuition verließ. Ganz falsch kann es wohl doch nicht gewesen sein, denn Malte ist ein lebensfroher junger Mann geworden.

Das Verhältnis von Müttern zu ihren Töchtern wird oft als schwierig beschrieben. Das muss aber nicht so sein. Die Beziehung kann auch geprägt sein von Liebe, Respekt, Toleranz und Verständnis. Mütter sind Vorbilder und Lehrerinnen fürs Leben. Ich hatte erst wirklich Verständnis für meine Mutter, als ich selbst eine wurde. Ihr Rat und ihre Unterstützung waren mir immer eine wertvolle Hilfe.

Verblüffend finde ich die Dinge, die ich von meiner Mutter übernommen habe und die mein Sohn von mir übernommen hat. Damit meine ich nicht die Familienähnlichkeit, sondern Gesten, Mimik und besonders Charaktereigenschaften. Die Lebensfreude, den Optimismus und die pragmatische Einstellung zu schwierigen Situationen habe ich von meiner Mutter übernommen und offensichtlich auch weitergegeben. Ein Spruch, den ich bis heute oft von meiner Mutter höre, ist: »Es wiederholt sich alles.«

Ja, vielleicht tut es das. Die Gefühle, die Ängste und die Freude, die ich hatte, als mein Sohn sich das Schlüsselbein brach, sein Abitur machte und dann auszog, anfing, sein eigenes Leben zu Leben – all das hatte auch meine Mutter gefühlt. Wie gut ich jetzt ihr Verhalten von damals verstehe! Sie war und ist mir einer der wichtigsten Menschen in meinem Leben.

Wie wundervoll, eine Mutter zu haben, die man immer um Rat fragen kann, die einen tröstet, die einem auch mal den Kopf zurechtrückt, die sich ein Bein ausreißt, wenn man Hilfe jeglicher Art braucht – und Dinge kann, die man selbst nicht kann (mit der Nähmaschine umgehen, Hühnersuppe kochen, Gurken einlegen und so weiter). Noch heute glaubt meine Mutter, ich würde Hungers sterben, wenn ich nach einem Besuch wieder nach Hause fahre, und gibt mir allen möglichen Leckerkram mit. Jedes Mal erkläre ich ihr dann, dass es in meiner Stadt auch Geschäfte für Lebensmittel gibt. Und was mache ich ein Wochenende später, wenn mein Sohn von der Uni zu Besuch kommt? Ich gebe ihm die Sachen mit, die er gerne isst. Es wiederholt sich alles … Gott sei Dank auch die Liebe von Müttern.

Kindheit

Hallo Gott,

für Kinder hast du besonders viel übrig, wie man in der Bibel nachlesen kann, und wir sind ja deine Kinder. Ich habe meinen Sohn Malte. Und er ist der allerbeste Sohn, den man sich wünschen kann. Natürlich! Er ist mein Sonnenschein, eine Quelle von Wortverballhornungen, Ansagenkomödiant und »Storyteller«. Niemand bring solche »Klopfer« wie er. Mit seinen Sprüchen könnte ich ein ganzes Buch füllen, und Ralf und ich drohen ihm bei allen passenden und unpassenden Gelegenheiten damit, dass wir all diese Dinge in seine »Hochzeitszeitung« bringen, wenn es denn dann mal eine gibt. Er studiert ein geisteswissenschaftliches Fach. Eigentlich konnte er das schon vorher, aber jetzt hat er auch noch den Bachelor darin: Malte diskutiert einen wegen allem und jedem in Grund und Boden. Ich finde das wunderbar! Er ist eine sensible, kluge und sehr charmante Frohnatur und immer optimistisch. Jedenfalls ist Malte mein größtes Geschenk, das du mir je gemacht hast, Gott. So wie jedes Kind ein Wunder ist, ist er mein ganz persönliches Wunder!

Wenn ich in Kindheitserinnerungen schwelge, hoffe ich immer, dass er auch so schöne Erinnerungen an seine Kindheit hat. Er war als kleiner Junge viel bei meinen Eltern, die tolle Sachen mit ihm gebastelt, Dinge repariert, gekocht, viel unternommen und angeschaut und ihn natürlich furchtbar verwöhnt haben.

Nach der zweiten Krebsdiagnose – Malte war schon an seinen Studienort umgezogen – fragte er mich bei einem gemeinsamen Spaziergang mit Rala: »Mama, was würdest du sagen, hast du bisher ein gutes Leben gehabt und würdest du es wieder so leben wollen? Oder würdest du vieles anders machen?« Ich konnte ganz spontan, ohne lange nachzudenken sagen, dass ich ein tolles Leben hatte. Ob ich etwas anders machen würde? Tja, das konnte ich nicht sofort beantworten.

Ja, mein Leben war und ist gut, so, wie ich es leben durfte. Ich habe den für mich richtigen Beruf gewählt, und aus meiner ersten Ehe habe ich einen wunderbaren Sohn. Und ich wäre wohl nicht die Person, die ich jetzt bin, ohne meine Vergangenheit. Also alles richtig gemacht?!

Nein, Fehler gab es genug, aber immer hat sich daraus eine Wendung ergeben, die dann doch gut war. Mein Lebensweg ging nun wirklich nicht geradeaus. Und langweilig war es nie. Obwohl ich an meinem 30. Geburtstag dachte: Alles erlebt, alles gehabt – was soll jetzt schon noch Großartiges kommen? Weit gefehlt! Ab da wurde es eigentlich erst richtig turbulent.

Ich kann nicht genau sagen, ob ich jetzt andere Wege einschlagen würde. Du hast mir die Freiheit gegeben zu wählen, Gott. Und das ist, glaube ich, ein großes Zeichen deiner Liebe zu uns Menschen. Die Freiheit zu wählen mit der festen Zusage, dass du *jeden* Weg mitgehst. Du hast mir nie vorgeschrieben, ob ich rechts oder links abbiegen oder ob ich etwas tun oder lassen sollte, obwohl ich mir das manchmal gewünscht hätte. Aber egal, in welche Richtung ich ging – du warst dabei.

Natürlich bereue ich einige Entscheidungen. Besonders die, bei denen ich etwas versäumt habe – nicht an Erlebnissen, sondern an Menschen. Und wo ich jemanden verletzt habe. Wenn man wie ich kurz vor dem möglichen Ende seines Lebens steht, hält man, glaube ich, automatisch Rückschau. Ich kann ruhigen Gewissens sagen, dass ich alles so gut wie möglich versucht habe zu tun. Das schon – es ist mir allerdings nicht immer gelungen. Aber würde ich es deshalb anders machen? Ich bin sicher, wir werden darüber sprechen, wenn wir uns sehen, Gott.

Jedenfalls gab es viele Veränderungen und Entwicklungen in meinem Leben, mit denen ich nicht gerechnet habe. Für eine Überraschung bist du jedenfalls immer gut!

Jahresringe

Mein Vater malte, seit er Opa wurde und Malte halbwegs stehen konnte, in mehr oder weniger regelmäßigen Abständen eine »Wachstumslinie« an die Kellerwand. Aufgeschrieben wurden Größe, zum Teil das Gewicht und das jeweilige Datum. Bei meinem letzten Besuch stellte ich erstens fest, wie klein mein Sohn einmal war, aber zweitens, dass er mich jetzt um gut 15 cm überholt hat und drittens, wie lange es her ist, seit er so klein gewesen ist.

Gefreut habe ich mich darüber, dass mein Vater diese Erinnerungsleiste oder diesen Zeitstrahl belassen hat, obwohl der Keller mehrfach saniert wurde. Wir blieben zu dritt (mein Vater, Malte und ich) einige Zeit etwas versonnen davor stehen und betrachteten die Striche an der Wand. Ich glaube, uns gingen ähnliche Gedanken durch den Kopf. Mich erinnerten sie an die Jahresringe eines Baumes. Es sind »nur« Linien, aber dazwischen gab es jede Menge Ereignisse, die zu einem Leben dazugehören. Bei Malte waren es natürlich Dinge wie Einschulung, Konfirmation, Abi und Studienbeginn.

Wie wäre es, wenn ich auch so einen Zeitstrahl für mein Leben hätte? Welche Lebensabschnitte würden die Striche markieren? Die Ereignisse, die eben normalerweise in jedem Leben stattfinden oder Ereignisse und Begegnungen, die aus anderen Gründen eine besondere Bedeutung haben, nur für mich? Das scheint mir eine interessante Frage zu sein: Was oder wer markiert in unserem Leben »Kerben« (beziehungsweise Jahresringe oder Striche), die unser Leben beeinflussen und sogar verändern? Für mich kann ich sagen, dass es sehr häufig Menschen waren, die einen oder mehrere Jahresringe hinterließen. Aber natürlich auch Ereignisse, die in unserer westlichen Zivilisation zur Normalität gehören (Schulbildung, Beruf, Familiengründung, Wohnortwechsel, Alter und Tod).

Der Zeitstrahl von Malte kann jetzt nur noch in der Horizontalen fortgesetzt werden, da die Kellerdecke erreicht ist. Naja, wachsen wird er wohl auch nicht mehr. Mal sehen, ob sein Opa weitere Markierungen bei einschneidenden Ereignissen anbringt. Ich finde das großartig und freue mich schon darauf, wenn mein Sohn mal seinen Kindern diese Erinnerungsleiste zeigt und vielleicht einige Geschichten dazu aus seinem Leben erzählt. Mögen es viele gute Jahresringe werden!

Ich selbst tauche auch immer gerne bei den Besuchen im Haus meiner Eltern in Kindheitserinnerungen ein. Danke, Gott, dass ich so eine wunderschöne, behütete Kindheit hatte und bitte schenke Malte und seinen Kindern und Enkelkindern eine ebenso behütete, liebevolle Kindheit, vielleicht auch mit irgendwelchen Bildern oder Karten ... wahrscheinlich in digitaler Form.

Rosenbilder

Wenn man Dinge wiederentdeckt, die untrennbar mit der Kindheit und positiven Erinnerungen verbunden sind, freut man sich – und ist gleichzeitig auch ein bisschen wehmütig. Mir ging es vor ein paar Tagen so, als ich in Folie eingepackte »Rosenbilder«, wie sie bei uns hießen, in einem Museumsshop entdeckte (da gehören sie wohlmöglich auch hin, denn es sind Relikte aus der Vergangenheit). Das sind ausgestanzte Blumen, Tiere, Engel, Feen oder was Kinder sonst gerne mögen. Es gibt sie in unterschiedlichen Farben und Formen und sind manchmal mit Glitzerpuder bestreut. Ich war begeistert und kaufte sofort ein paar Bögen. Wieder zu Hause, rief ich meine Mutter an und fragte sie, ob es noch meine grüne Mappe mit den gesammelten Werken meiner geliebten Rosenbilder gäbe. Ich war sehr erleichtert, als sie es bejahte, und ich werde sie bei meinem nächsten Besuch ganz sicher herauskramen und in Erinnerungen schwelgen.

Ich verbrachte viele Stunden mit Freundinnen auf den Treppenstufen und Mauern unserer Elternhäuser, um Bilder zu tauschen, zu betrachten und zu bewerten. Wir legten sie übereinander, um nach Größe zu tauschen: ein großes Rosenbild (es waren gar nicht immer Rosen darauf zu sehen, sondern manchmal auch Tiere – bevorzugt Hunde, Katzen und Pferde – Feen und Prinzessinnen oder andere Fabelwesen) war mindestens zwei kleine wert. Und besonders schöne Bilder wurden gar nicht getauscht! Besonders wertvoll waren die mit Glitzer obendrauf. Die Bilder, die nicht so begehrt waren oder die einem nicht gefielen, wurden in Poesiealben geklebt, die damals ebenfalls Hochkonjunktur hatten.

Jahre später gab es ein ähnliches Phänomen bei meinem Sohn – Pokémonkarten wurden hin- und hergetauscht. Und es war wichtig, besonders seltene Karten wie einen Schatz zu hüten.

Wie schön einfach doch so eine Kinderwelt erscheint! Man besitzt vermeintliche Schätze und niemand kann sie einem rauben, es sei denn, man entscheidet sich für einen Tausch. Gleich für gleich!

In unserer Erwachsenenwelt hat uns die Erfahrung inzwischen natürlich gelehrt, dass nichts zwangsläufig von Bestand ist. Weder materielle »Schätze« noch ideelle, noch Gesundheit, Liebe oder das Leben selbst. Und »gleich für gleich« gilt auch nicht immer. Wie oft fühlen wir uns ungerecht behandelt: Hat mich der Händler übervorteilt? Ich habe viel Sport getrieben und mich gesund ernährt, warum bekomme ich trotzdem einen Infarkt? Ist das alles ein gerechter Tausch? Manchmal fühlen wir uns sogar betrogen: Habe ich nicht soooo viel in die Beziehung investiert – und was bekomme ich zurück? War der Gebrauchtwagen nicht viel zu teuer?

Ich erinnere mich, dass mir eine Freundin ihr liebstes Rosenbild schenkte, weil ich ihre beste Freundin war und ich wohl irgendetwas gesagt oder getan hatte, was sie als so wertvoll betrachtete, dass ich ihren besonderen Schatz verdiente. Ich fand das Bild eigentlich nicht besonders schön, erkannte aber, dass es ein besonderes Geschenk war, und freute mich riesig. Ich hütete dieses Bild ganz besonders und es lag in der ersten Hülle in meiner Sammelmappe. Ich glaube, ich werde morgen auch einer Freundin mein schönstes und wertvollstes Rosenbild schenken.

Ein paar Tage, nachdem der Blog online war, traf ich Ulrike vor dem Sonntagsgottesdienst. Ich hatte ein Rosenbild für sie in einen Umschlag gesteckt, doch bevor ich es ihr geben konnte, sagte sie: »Du, Corinna – ich hab da was für dich.« Es war ein Umschlag mit zwei Glitzer-Rosenbildern …

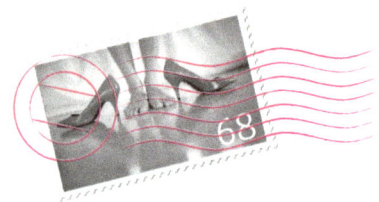

Berge und Bayern

Hallo Gott,

ich gehe davon aus, dass du dir etwas bei den Jahreszeiten gedacht hast. Für mich wäre es ganz in Ordnung, wenn du einen durchgängigen Frühling mit 23 Grad und einigen Wolken geschaffen hättest. Winter bräuchte ich zum Beispiel nicht. Schnee ist kalt und nass und überhaupt!

Aber Ralf hatte sich schon lange einen Urlaub im Schnee gewünscht. Und so fuhren wir mit Barbara und Uli mal wieder ins Chiemgau. Das ist uns nicht unbekannt, wir waren schon sehr oft zum Wandern dort und haben mittlerweile hier weitere liebe Freunde und ganz besondere Menschen – Margaret und Sepp – gefunden.

Es ist eine besondere Gegend: Marienwinkel, Paffenwinkel, jede Menge Wallfahrtskirchen – und wir haben schon einige davon besucht. Auf meinen Lieblingsberg, die Hochries, sind wir mehrfach gewandert. Nach meiner ersten Diagnose waren wir das erste Mal dort, und weil ich zu schwach war, um hinaufzulaufen, fuhren wir mit der Gondel. Der Tag war nebelig und trüb, und eigentlich wollten wir die Tour schon verschieben. Aber unsere Freundin Margarete, die dort in der Nähe einen wunderschönen Bauernhof hat und eine Pension betreibt, riet uns, es trotzdem zu versuchen, denn auf dem Berg ist häufig anderes Wetter. Wir verließen uns auf ihre fachkundige Aussage, fuhren hoch – und wurden reich belohnt!

Nun habe ich wie beim Fliegen einen großen Respekt vor Seilbahnen. Und es schaukelte nicht schlecht. Ralf fand es natürlich nur halb so schlimm, doch dass der Nebel uns umfing wie ein Wattepolster, machte es für mich auch nicht besser. Ich sagte mir immer wieder, dass du, Gott, mich ja wohl nicht mit einer Seilbahn abstürzen lassen würdest, wenn ich gerade versuche, den Krebs zu überleben. Das wäre ja echt albern!

Ralf war etwas frustriert, da der Nebel sehr dicht war und er fürchtete, dass wir auf dem Gipfel nichts sehen würden – und noch schlimmer: er keine Fotos machen könnte –, als wir just in diesem Moment die Nebelschicht durchbrachen und weiter in ein unglaubliches Blau fuhren. Nach ein paar Minuten waren wir oben und stiegen aus. Vor lauter Faszination hatte ich meine Angst vergessen und setzte mich total begeistert – im Wortsinn – auf eine Bank, um ins Tal zu blicken. Es war nichts zu sehen. Die Nebelschicht endete ein paar hundert Meter unterhalb des Gipfels, und hier war ich in einer anderen Welt. Strahlender Sonnenschein, Wärme und das unglaubliche Blau des Himmels. Es war sehr still, da kaum Menschen hier oben waren. Etwas weiter entfernt rüstete sich ein Drachenflieger zum ersten Flug.

Es gab nur wenige Momente, in denen ich mich dir näher fühlte als dort oben auf der Hochries im wärmenden blau-goldenen Sonnenlicht. Und ich begriff, dass die Sonne immer da ist, auch wenn man sie durch den Nebel manchmal nicht sehen kann ... so wie du immer da bist!

In der Stille dort hielt ich lange Zwiesprache mit dir und ich fühlte mich dem Himmel sehr nah. Mittlerweile hatte der Drachenflieger die

Gurte angelegt und nahm Anlauf auf der Sprungschanze. Eine Sekunde später tauchte er ab, sodass er für mich einen Wimpernschlag lang nicht zu sehen war, um dann durch die Thermik nach oben gehoben zu werden. Er hatte einen leuchtend grünen Schirm und war vor dem blauen, wolkenlosen Himmel gut zu sehen. Wie mutig, sich so fallen zu lassen in der Gewissheit, getragen zu werden!

Dieses Bild nahm ich in viele Untersuchungstermine mit und rief es vor meinem geistigen Auge auf, wenn ich in der wummernden MRT-Röhre lag. Später sollte ein ähnliches Bild auf dem Cover meines zweiten Buches zu sehen sein.

Ich hatte immer das Gefühl, dass dies eine besonders »heilsame« Gegend ist. Daher nehme ich immer aus einer der Wallfahrtskirchen Weihwasser mit nach Hause. Möglicherweise sind dir solche Rituale egal, Gott, ich finde sie jedenfalls sehr schön, obwohl ich Protestantin bin. Aber ich nehme an, auch diese »Unterscheidungen« sind dir einerlei. Vielleicht lachst du sogar darüber, dass wir Menschen so vermessen sind, zu glauben, dass es nur eine »richtige« Art gibt, mit dir durchs Leben zu gehen. Wir genossen den Aufenthalt bei und mit Margarete und Sepp, Uli und Barbara sehr, es gab wie immer viel zu erzählen und zu lachen. Ich bin sicher, dass in dieser wunderschönen Zeit die Metastasen wieder ein ganzes Stück kleiner wurden.

Und dann gelangt es Barbara tatsächlich mit massiver Unterstützung von Ralf, mich in einen hiesigen Trachtenladen zu entführen.

Dirndl 2.0 (Chiemgau)

Jeder, der schon einmal auf der Münchner Wiesn war, weiß, dass ein Dirndl ein »must have« ist. Ich war vor 25 Jahren einmal dort, habe lange in Bayern gelebt, hatte aber noch nie ein Dirndl – bis jetzt!

Ich habe zwar eigentlich nicht vor, noch einmal auf die Wiesn zu gehen, aber ein Dirndl gehört jetzt endlich mal in meinen Kleiderschrank!

Schon oft habe ich danach Ausschau gehalten und einige anprobiert, war aber immer unsicher und hatte auch keine adäquate Beratung. Jetzt traf ich im Urlaub Barbara, die gebürtige Münchnerin ist und einen eigenen Kleiderschrank nur für all ihre Dirndl hat (die Dirndl ihrer drei bildhübschen Töchter Franzi, Vroni und Sophi hängen auch darin). Und so war schnell klar: Wir zwei gehen ein Dirndl kaufen! Ich hatte ja keine Ahnung ...

Es ist eine Wissenschaft für sich. Sofort wurde mir klargemacht, dass es auf keinen Fall ein »Party-Dirndl« sein darf, sondern ein traditionelles sein muss. Also rein in einen richtigen Trachtenladen, den es hier natürlich in jeder Stadt gleich mehrfach gibt.

Dirndl ist die Verkleinerungsform von »Dirn« oder »Deern«, eine Bezeichnung für eine in der Landwirtschaft arbeitende junge Frau niederen Standes. Also für Mägde, beziehungsweise Dienstmädchen. Ab 1780 setzte sich das etwas laszive Kleidungsstück bei dem städtischen »Sommerfrischepublikum« durch, heißt es bei Wikipedia. Aha! Also habe ich auch als Norddeutsche die Berechtigung, ein Dirndl zu tragen, da ich ja oft in Bayern bin. Sehr beruhigend!

Ich probierte also mehrere Varianten an (dem Preis ist nach oben keine Grenze gesetzt), die für meine Zwecke angemessen waren. Unter dem kritischen Blick meiner Freundin hatte ich aber binnen kürzester Zeit ein besonders schönes Exemplar gefunden! Ich trat aus der Kabine, nachdem ich doch einige Schwierigkeiten mit den vielen Knöpfen, Haken und Ösen hatte, und wurde gleich von der Verkäuferin attackiert, denn ich hatte die Schürze hinten gebunden. Falsch! Es sei denn, ich bin Witwe. Denn tatsächlich zeigt die gebundene Schleife an, ob man noch zu haben ist (Schleife vorne links) oder ob man schon vergeben ist (verlobt, verheiratet, vorne rechts). Damit aber nicht genug, denn eine ganz normale Schleife geht auch nicht! Ein Knoten und dann mit dem unteren Band eine Schlaufe binden, in die richtige Richtung ziehen und gerade legen, damit die Schleife auch schön gerade bleibt und die Bänder glatt fallen und nicht abstehen! Langsam gerate ich ins Schwitzen. So kompliziert hatte ich es mir nicht vorgestellt!

Die nächste Hürde – die richtige Dirndl-Bluse. Die, die ich anhatte, war laut Aussage meiner Freundin zu brav. Also zu wenig Ausschnitt. Ich fing an zu jammern, dass ich keine »Dirndlfigur« hätte. »Quatsch«, wurde mir von der Verkäuferin und meiner Freundin unisono beschieden – jede Frau (!!!) hat eine solche! Puh, ich war erleichtert, und so wurden mir entsprechend »unterstützende« Hilfsmittel empfohlen.

Nach einigem Hin und Her hatte ich dann die komplette Staffage zusammen und fand mich toll in dem ungewohnten Outfit. Der wohlwollende Blick meiner Freundin bestätigte mein Gefühl und nun bin ich stolze Besitzerin eines »echten« Dirndls. Ich werde es bei allernächster Gelegenheit tragen! Ach ja, die Farbe ist wohl auch schon klar, oder?

Es sollte nicht das einzige Dirndl bleiben, denn natürlich brauchte ich etwas später noch etwas in gedeckten Farben und etwas Festliches … Und jedes Mal war Barbara meine »Shopping-Queen«.

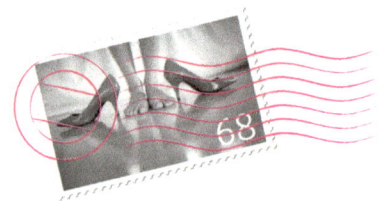

Neugier

Hallo Gott,

du scheinst gerne mit Farben zu spielen, stimmt's? Woher kämen sonst die tollen Sonnenauf- und untergänge, die »Aurora Borealis«, das Rot des Klatschmohns und die schönen bunten Federn der Papageien?

Im Frühjahr 2014 flog Ulrike mit Manfred und Mareike zu ihrer großen Tochter Anneke nach Chicago. Ein paar Wochen vorher war Ralf mit unserem Freund Olly auf »Foto-Safari« nach Island aufgebrochen.

Er wollte unbedingt Nordlichter sehen – und du hast es den beiden geschenkt!

Jedenfalls war ich sehr froh, dass ich nirgendwohin fliegen musste. Mit Ulrike, die ebenfalls Krankenschwester ist, überlegte ich diverse Prophylaxen für lange Flüge: Anti-Thrombose-Strümpfe, Fuß- und Beingymnastik während des Fluges und blutverdünnende Medikamente. Ralf wollte von alldem nichts wissen, und er kam natürlich auch ohne irgendwelche Komplikationen wieder nach Hause.

Ich habe mit zunehmendem Alter Flugangst entwickelt. Wahrscheinlich hat das mit der Angst vor Kontrollverlust zu tun. Ich will auch gar nicht »herumpsychologisieren«. Ich fliege eben nicht gerne. Punkt!

Als ich mal wieder wegen eines Vortrags durch Deutschland reisen musste, ließ ich das Auto stehen und fuhr mit dem Zug. Irgendwie hast du meine Sinne geschärft, Gott, denn ich nehme mittlerweile sehr bewusst wahr, was um mich herum geschieht. Na ja – man könnte es auch Neugierde nennen. Du hast mich wirklich neugieriger gemacht, wie sich das Leben anfühlt und was der nächste Tag, die nächste Begegnung so bringt. Ich habe das Leben nie so überraschend, aufregend und wunderbar empfunden wie in den letzten Monaten. Dabei waren die Begebenheiten in dieser Zeit nicht einmal besonders spektakulär, sondern eigentlich sehr oft ganz alltäglich. Aber ich vermute, genau das macht sie so zauberhaft. Während der Therapie wünschte ich mir nichts mehr von dir als einen ganz normalen Alltag mit ganz normalen Begegnungen. Und genau das schenkst du mir gerade – und jede Menge zu lachen! Danke!

Zugfahrt

Im Gegensatz zum Fliegen macht mir Zugfahren nichts aus. Im Gegenteil, ich finde es ganz entspannend. Besonders, wenn man nicht so oft umsteigen muss, denn dann läuft man durchaus Gefahr, den Anschlusszug zu verpassen.

Die Hinfahrt war sehr entspannt. Ich bin 1. Klasse gefahren. Die Sitze sind bequemer und es ist auch nicht so voll und so laut – dachte ich. Nun, es gab zu mindestens keine laut blökenden kleinen Kinder, die auf dem Gang fangen spielen, oder genervte Eltern, die hinterherjagen und meistens noch lauter schreien. Das Abteil war allerdings voll von »Anzugträgern« und Businessfrauen. Ich meine das nicht lästerlich. Ich gehörte früher auch dazu. Es gibt nun mal einen Dresscode in bestimmten Branchen. So weit, so gut.

Die meisten hatten einen E-Book-Reader, einen Laptop oder Ultrabook und/oder ein Smartphone »in Arbeit« – oft verbunden mit einem Headset oder Ohrstöpseln. Ich kam mir fast ein wenig altertümlich vor, als ich mein dickes Buch auspackte (der neue Schätzing, »Breaking News«, fast 900 Seiten stark).

Zum Lesen kam ich nur etappenweise (die ersten 200 Seiten sind etwas zäh ...), weil ich nicht umhin konnte, die Geschäftstelefonate mit anzuhören. Gibt es keine Betriebsgeheimnisse mehr? Egal, ich genoss den Blick aus dem Fenster und döste ein bisschen.

Auf dem Rückweg stellte ich mich auf Ähnliches ein. Zur Vorsicht kaufte ich im Regensburger Bahnhof ein dünneres Buch, was nicht ganz so viel Konzentration erforderte (»Anziehungskraft« von Guido Maria Kretschmer – sehr kurzweilig und amüsant! Ich hatte es kurz vor Hamburg durch.).

Das 1.-Klasse-Abteil war etwa zur Hälfte gefüllt. Ich hatte wieder einen Einzelplatz. Mir schräg gegenüber war ein 4er-Tisch, an dem zwei junge Paare saßen, die Karten spielten, Spaß hatten und um sich herum lauter Backwaren, Zeitungen, Handys und anderen Kram verteilt hatten. Mir schwante Böses, und ich überlegte für einen kurzen Moment, die Reservierung sausen zu lassen und einen anderen Platz zu suchen. Aus purer Bequemlichkeit ließ ich es ... und bezahlte dafür! Eine der jungen Frauen feierte an diesem Tag ihren 30. Geburtstag

(»29 a – hahahaha«). Sie hatte offensichtlich ein Überraschungswochenende von ihrem Mann oder Freund nach Hamburg geschenkt bekommen (Ach du Schreck – Die steigen erst nach mir aus!), und sie vermutete, dass sie abends in »Das Phantom der Oper« gehen würden. Ach ja, sie hatte noch eine Geburtstagsmappe von einer Kollegin bekommen, in der Glückwünsche von Angela Merkel, Joachim Gauck, Elton, Johann Lafer, Ross Antony und blablabla war. Die kann man nämlich anschreiben und dann schicken die alle sogar mit handgeschriebenen, persönlichen Grüßen einen Brief zurück! All das entnahm ich zwangsläufig dem ständig klingelnden Handy (höchste Lautstärke!) und dem Gekicher und Gegacker des Geburtstagskindes. Sie sprach ein mir sehr liebes und vertrautes breites Fränkisch. Leider hatte sie eine extrem schrille Stimme.

Ich versuchte mich also in Guidos Buch zu versenken und das gelang mir ganz gut. Die Zugfahrt verging wie im Flug (haha!) und ich stieg in Hamburg/Harburg aus.

Im Nachhinein frage ich mich, ob sie wohl ihr »Phantom der Oper« gesehen hat. Wenn nicht, wüsste ich gerne, was stattdessen ihr Überraschungswochenende war. Schade, dass ich es wohl nie erfahren werde.

Farben

Hallo Gott,

du hast ja nun das Leben ziemlich bunt gemacht. Meines zum Beispiel ist pinkfarben. Das Leben von anderen Menschen hat offensichtlich eine andere Farbe. Ich neige dazu, manchmal etwas vorschnell zu urteilen beziehungsweise mir eine Meinung zu bilden. Manche Farben gefallen mir eben nicht. Müssen sie ja aber auch nicht. Jeder Mensch hat doch das Recht, seine eigene Lebensfarbe zu wählen.

Du erinnerst dich bestimmt, wie sehr ich mit dir haderte, als es mir schlecht ging. Als ich den Eindruck hatte, dass alle Farben aus meinem Leben gewichen wären. Als ich zu müde und zu schlapp war, um unter der Dusche zu stehen und ich nicht einmal Lust hatte, mich anzuziehen. Und selbst zum Zornigsein war ich irgendwann zu müde. Ich fühlte mich wie ein Blatt, das vom Baum fällt und ganz langsam der Erde entgegentrudelt, immer tiefer und tiefer … Und ich weiß noch, dass ich dachte: »Wenn sich Sterben so anfühlt, ist es gar nicht schlimm.«

Herbstspaziergang

Ich finde, den Herbst kann man hören. Die Blätter rauschen im Wind, Eicheln und Kastanien fallen herab – eine Zeit zwischen den Zeiten. Es wird irgendwie leiser in der Natur. Es riecht nach Abschied, die Stoppelfelder sind goldbraun und zum Teil sogar schon umgepflügt. Noch wärmt mich die Sonne, aber im Schatten ist es fast kalt und ich beeile mich, wieder ins Licht zu kommen. Ich halte mein Gesicht in die wärmende Sonne, schließe die Augen und wünschte, ich könnte es speichern, sodass ich es in der dunklen Jahreszeit abrufen kann. Ich bemühe mich, nicht zu sehr die Abschiedsmelodie des Sommers zu hören, sondern das Hier und Jetzt zu genießen. Es fällt mir nicht leicht, weil ich weiß, dass mir die Wärme und das Licht fehlen werden.

Herbst, Erntezeit – Erntedank. Ein schönes Fest. Ich mochte es, als Kind mit einem gefüllten Körbchen in die Kirche zu gehen und es auf den Altarstufen abzustellen. Die Früchte der Arbeit, die Ernte vor sich zu sehen, ist doch etwas Schönes. Sich darüber zu freuen, was man selbst geleistet hat, und dankbar zu sein für das, was uns dazugeschenkt wurde. Seien es Regen und Sonnenschein oder Kollegen aus unserem Team oder unsere Talente. Danke sagen, das uns so viel gelungen ist, und vielleicht teilen und abgeben an die, denen nicht alles gelungen ist, die nicht so eine gute Ernte hatten.

Ein paar Blätter fallen vor mir herunter. Eines streift mein Haar. Ich musste in der Schule ein Herbstgedicht lernen, es fällt mir wieder ein, und ich freue mich, dass ich es noch auswendig kann:

Die Blätter fallen, fallen wie von weit,
als welkten in den Himmeln ferne Gärten.
Sie fallen mit verneinender Gebärde.
Und in den Nächten fällt die schwere Erde
aus allen Sternen in die Einsamkeit.
Wir alle fallen, diese Hand da fällt.
Und sieh dir andre an: es ist in allen.
Und doch ist Einer, welcher dieses Fallen
unendlich sanft in seinen Händen hält.

Rainer Maria Rilke

Dann drehe ich mich um und mache mich auf den Weg nach Hause.

Die Medikamente, die ich nach meiner zweiten Krebsdiagnose bekam und mit denen es, wie gesagt, noch wenig Erfahrung in Deutschland gab, verursachten bei mir eine der bekannten Nebenwirkungen: eine Hypophysitis, die Entzündung der Hirnanhangsdrüse. Sie ist zuständig für die Regulation des Hormonsystems. Dadurch stellten meine Nebennieren ihre Funktion ein. In ihnen wird neben Steroidhormonen und Adrenalin auch das lebenswichtige Glucocorticoid Cortisol gebildet. Wird das nicht mehr produziert, kommt es zu einer sogenannten lebensbedrohlichen »Addison-Krise«, die sich durch Kreislaufversagen, schnelle Ermüdung und Abmagerung äußert. Und genau in dieser »Krise« befand ich mich.

Ich schlief nur noch, und sobald ich aufstand, versagte mein Kreislauf – ich kollabierte. Im Nachhinein ist es beinahe witzig, denn ich

wäre fast an dieser blöden Nebenwirkung gestorben, hätte Doc M. nicht sehr schnell die richtige Diagnose gestellt. Damals fand ich das allerdings gar nicht so witzig und ich fragte dich, Gott, was das denn jetzt schon wieder für eine kuriose Weggabelung ist.
Jedenfalls nahmen sowohl Doc M. als auch ich die richtige Abzweigung, denn mit Tabletten kann man das fehlende Cortisol ersetzen. Binnen weniger Tage ging es mir deutlich besser. Ich muss jetzt diese Tabletten mein Leben lang nehmen, aber das ist ein kleiner Preis, verglichen mit einem vorzeitigen Tod.

So unterschiedlich die Menschen sind, so unterschiedlich sind die Farben ihres Lebens und ihrer Schicksale. Und ich frage mich, warum ich oft glaubte, *ich* hätte es besonders schwer. Jedem von uns hast du eine eigene, farbige Geschichte zugedacht. Manchmal lässt du mich einige davon sehen und dann werde ich demütig und dankbar. Besonders dafür, dass du mir Menschen an die Seite gestellt hast, die mich mit Liebe, Freundschaft und Wohlwollen umgeben. Und Menschen wie Doc M., die zur richtigen Zeit die richtige Motivation für mich finden und mir mit deiner »göttlichen Gabe« mehr als einmal das Leben gerettet haben!

Bistrogespräch

Im Moment höre ich offensichtlich immer Gespräche mit, die in meiner unmittelbaren Nähe geführt werden, an denen ich aber nicht beteiligt bin. Das könnte daran liegen, dass ich sehr neugierig bin oder dass ich (wie viele Krankenschwestern) sehr genau beobachte.

Wie dem auch sei ... Nach meiner Rückkehr aus Regensburg ging ich abends mit meinem Mann eine Kleinigkeit essen. In unserer Stadt gibt es seit etwa zwei Jahren ein Café und Bistro, an das auch ein Laden mit einer Bäckerei, Wurst- und Käsetheke angeschlossen ist. Betrieben wird es von der Lebenshilfe. Es arbeiten dort Menschen mit

Behinderungen, sowohl im Service als auch in der Küche. Oberhalb des Bistros liegen »betreute Wohnungen«.

Der Laden und das Bistro liefen von Anfang an gut. Beide sind modern eingerichtet, hell und freundlich, und im Sommer kann man im Bistro auch draußen sitzen – direkt am Markplatz. Die Speisekarte ist nicht sehr umfangreich, aber es gibt täglich wechselnde Menüs zu moderaten Preisen aus frischen Zutaten der Region.

Die Servicekräfte sind gut geschult. Manchmal muss man die eine oder andere Bestellung wiederholen, weil sie nicht gleich verstanden wird. Das macht aber nichts, denn die Servicekräfte erklären dann, warum es bei ihnen manchmal etwas länger dauert.

So auch am Nachbartisch. Das Paar musste wohl auch noch einmal genauer sagen, was sie von der Karte bestellen wollten, als der junge Mann (ich schätzte ihn zwischen 25 und 30 Jahren) erklärte, dass er beim Fußballspielen einen Unfall mit einer schweren Kopfverletzung hatte und acht Monate im Koma lag. Er habe alles neu lernen müssen. »Lesen und schreiben und so ...« Aber vorher sei er »ganz normal gewesen«, lachte er und entschwand mit der Bestellung Richtung Küche.

Ich wäre fast mit offenem Mund vom Stuhl gefallen! Dieser junge Mann hatte mit einem unfassbaren Selbstverständnis auf sein sicher nicht einfaches Schicksal geblickt wie der weiseste Gelehrte der westlichen Hemisphäre! Er betrachtete sein jetziges Leben mit einer Klarheit, die mich fast neidisch werden ließ und sehr berührte. Vor dem Unfall war er »normal« und jetzt halt »anders«. So war es nun mal. Punkt.

Unglaublich! So einfach kann man sein Schicksal in zwei Sätzen zusammenfassen und dann lachend seiner Wege gehen. Ich habe an diesem Abend von der Begegnung mit dem jungen Mann mehr gelernt als in vielen Stunden Vorlesung in Philosophie!

Martin

Hallo Gott,

mein Priester-Freund Martin schenkte mir zu Beginn unserer Freundschaft ein Wort. Ein ungewöhnliches Geschenk, aber er verwendete es in einem unserer ersten Gespräche ziemlich oft. Es hat sich damit auch in meinen Wortschatz (auch ein schönes Wort!) eingebrannt. Ich hatte es bisher nicht in meinem alltäglichen Sprachgebrauch, benutze es jetzt aber häufiger und mit Bedacht – und nicht, ohne an Martin zu denken.

Wie ist das, Gott: Hätte, wäre, wenn ... der Konjunktiv meines Lebens ist dir nicht unbekannt. Ich habe den Eindruck, dass ich ihn nicht mehr so häufig verwende. Ich versuche, nicht mehr allem hinterher zu laufen – könnte ich auch gar nicht mehr, du hast mich langsamer werden lassen. War das der Plan? Ich gehe davon aus. Zu viel hat sich in meinem neuen pinkfarbenen Leben verändert, als dass ich nicht einen Grund dahinter sehen müsste.

Als ich Martin das erste Mal im Priesterseminar besuchte, war ich ziemlich am Boden. Voller Angst, mitten in der Therapie. Die hohen Hallen des Seminars in Bamberg flößten mir Respekt ein. Ich schlich leise und ehrfurchtsvoll durch die marmornen Gänge und bemühte mich, nicht mit meinen hohen Absätzen zu klappern. Prompt hatte ich das Gefühl, dir hier ein bisschen näher zu sein. War das Einbildung, lag es an den vielen schwarzgewandeten Menschen, die vorbeieilten, oder bist du an diesen Orten wirklich präsenter?

Von meiner »Lebensbeichte« habe ich ja schon erzählt. Anschließend bot mir Martin eine Krankensalbung und eine Andacht mit Gebet in der Kapelle des Priesterseminars an. Er sagte mir, dass sich mein jetziges Leben sehr auf »wesentliche« Dinge konzentriere. Damit hatte er mir reichlich Stoff zum Nachdenken gegeben.

Wesentlich

Ein komisches Wort: wesentlich. Was ist damit gemeint? Beim Kreuzworträtsel heißt die Lösung »ausschlaggebend«. Dass ich mich mit diesem Wort so intensiv beschäftige, sind zum einen die »Nachwehen« meines Klosteraufenthaltes und zum anderen liegt es an einem Tagebucheintrag von vor über einem Jahr. Bei einem Besuch benutzte mein guter Freund Martin diesen Begriff mehrfach, aber mir war er eher fremd.

Was ist das Wesen des Lebens? Ist eine Wesenheit ein Lebewesen? Wir Menschen neigen dazu, Begriffe durch Negierung zu erklären. Was »unwesentlich« ist, also nicht so wichtig, können wir schnell aufzählen. Was ist für mich und mein Leben »ausschlaggebend«? Ich glaube, dass in der Begrenzung die ganz einfachen Dinge »wesentlich« sind.

Wesentlich – sind die Zeiten ohne Nebengeräusche. Nicht Stille, sondern der normale Sound des Alltags.
Wesentlich – ist Innehalten und Lauschen.
Wesentlich – ist nicht nachdenken über Nebensächlichkeiten, Konsum und Gefallen-Wollen.
Wesentlich – ist nach Hause kommen und sicher sein vor der Welt dort draußen.
Wesentlich – ist getragen zu werden von Familie und Freunden.
Wesentlich – ist die Verbundenheit mit sich und der Natur.
Wesentlich – ist das Glockengeläut am Sonntagmorgen.
Wesentlich – ist der Allmacht zu vertrauen und frei zu sein von der Enge des Beständigen.
Wesentlich – ist die Zuversicht und Hoffnung.
Wesentliches von Unwesentlichem unterscheiden zu können.
… im Wesentlichen sicher sein.

Logik, Sinn und Wissenschaft

Hallo Gott,

kürzlich starb Leonard Nimoy, der Schauspieler, im Alter von 83 Jahren. Er verkörperte meinen alten Kumpel Spock, den ersten Offizier aus der Serie »Raumschiff Enterprise« – und das im Wortsinn. Seine erste Biografie hieß: »Ich bin nicht Spock«, seine Zweite, 20 Jahre später: »Ich bin Spock!« Interessant!

Die Frage, was oder wer wir sind, treibt also nicht nur mich um, Gott. Gut zu wissen, dass ich in bester Gesellschaft bin. Nun habe ich mit Hollywood so wenig zu tun wie Eichhörnchen mit Personalmanagement. Das Leben, das du uns schenkst, stellt uns an verschiedene Orte. Und ich versuche gerade, den Sinn darin zu finden. Die universelle Frage: Was ist der Sinn des Lebens? Hätte ich die Frage beantworten können, wenn ich meine Doktorarbeit nicht weggeschmissen hätte? Wenn ich Dr. phil. Corinna Kohröde-Warnken geworden wäre? (Hätte doch gar nicht so schlecht geklungen ... Konjunktiv! Ich weiß schon, Gott ...)

Also – hätte ich sie beantworten können? Ich denke nicht. Ich habe viele Bücher dazu gelesen. Manche haben mich weitergebracht, manche habe ich nicht verstanden und manche fand ich schlicht blöd. Wenn ich es mir recht überlege, versuche ich eher mit Logik (wie Spock) an die Dinge heranzugehen. Du weißt ja, dass ich regelrecht ausflippen kann, wenn die Laborwerte nur das kleinste Bisschen von den Normwerten abweichen. Und wie genau ich jeden Befund studiere und mit den vorherigen vergleiche. Das hat zugegebenermaßen doch eine ziemliche Bedeutung für mich.

Nun, ich habe auf der Intensivstation gearbeitet. Da kam es sehr wohl auf die genaue Maßeinheit oder Milligrammzahl an. Und ich unterrichte an der Hochschule. Ich bin Wissenschaftlerin. Du weißt, die sind pingelig. Ich dachte, ich käme dir mit Logik ein bisschen näher. Falsch! Ich habe inzwischen begriffen, dass ich mit Glauben und Vertrauen näher dran bin.

Star Trek

Diejenigen, die jetzt stramm auf die 50 zugehen, sind wie ich sicher mit Kapitän Kirk, Spock, Pille und Uhura aufgewachsen. Ich war und bin noch immer »fasziniert«, wie Spock sagen würde.

Es gab die erste Staffel im TV und ich durfte sie mit meinem Vater ansehen. Mittlerweile stehen die gesamten Folgen von Raumschiff Enterprise, Star Trek – Next Generation, Deep Space Nine, Voyager und sämtliche Kinofilme in unserem DVD-Regal.

Ich bin nicht ganz sicher, was mich so begeisterte. Vielleicht waren es die »unendlichen Weiten, die nie ein Mensch zuvor gesehen hatte«, oder die Möglichkeit, andere Lebewesen zu treffen. Immerhin waren die meisten Besatzungsmitglieder ja ganz normale Menschen. Kapitän Kirk fand ich eigentlich gar nicht so toll. Er war mir ein bisschen zu cool. Pille fand ich witzig, da er im Dauerklinsch mit Spock lag, meistens unterlag, aber dennoch immer irgendwie das letzte Wort hatte. Und seinen Job als Arzt machte er auch gut. Es gibt übrigens wissenschaftliche Texte zu »medizinisch-ethischen Entscheidungen« auf der Enterprise. Gar nicht mal uninteressant.

Spock fand ich am besten! Er war etwas fremdartig, aber dennoch »humanoid«. Besonders seine philosophischen Einlagen gefallen mir auch heute noch. Und er hat es mit der Logik: »Logik ist der Anfang aller Weisheit – aber nicht das Ende« (aus: »Das unentdeckte Land«). Das ist sehr sinnbildlich für mein Leben. Täglich treffe ich Entscheidungen nach logischen Gesichtspunkten. Aber wie farblos wäre das Leben, wenn es immer nur rational, nur logisch zuginge. Spannend wird es doch erst durch Überraschungen und nicht vorhersagbare Geschehnisse. Natürlich verunsichern uns nichtlogische Geschehnisse, weil wir sie nicht erklären können. Aber muss das immer unser Anspruch sein? Nun gut – eine ganze Berufsgruppe befasst sich überwiegend mit dem Versuch, alles zu erklären. Wir nennen es Wissenschaft. Und wie das Wort schon sagt wissen wir, was die Gründe für bestimmte Dinge sind, da sie eben erforscht wurden. Logisch!

Wenn ich ehrlich bin, finde ich mich in dieser Denkweise wieder. Nicht umsonst habe ich lange studiert. Und der Erkenntnisgewinn? Je mehr ich weiß und logisch erklären kann, desto mehr Fragen tun sich für mich auf. Wo ist der Anfang? Wo das Ende?

Fazit: Auch ich befinde mich auf einer Reise in ein unentdecktes Land, das nie zuvor ein Mensch gesehen hat – mein Leben.

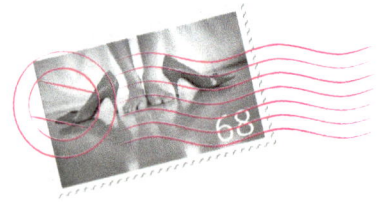

Krankenschwestern

Hallo Gott,

jeder Tag bringt mich weiter! Und es wird langsam wieder Sommer! Ich genieße deine Schöpfung und bin voller Energie. Weiterhin sind Kontrolltermine alle zwei Monate nötig und ich habe auch regelmäßig einen Termin im Universitäts-Klinikum Eppendorf (Hamburg) wegen der Hypophysitis. Da tut sich gar nichts, und die nette Oberärztin Frau Dr. P. macht mir klar, dass, je länger die Nebenniere ihre Funktion eingestellt hat, desto geringer ist die Wahrscheinlichkeit, dass sie wieder »anspringt«. Ich kann das mit einer Handbewegung wegwischen. Da hast du mir dankenswerterweise mal eine gehörige Portion Gelassenheit geschenkt. Dann nehme ich eben mein restliches, hoffentlich langes Leben lang Tabletten.

Ich verbringe weiterhin viel Zeit in Arztpraxen und Krankenhäusern und kann echte Milieustudien betreiben. Sowohl in den Wartezimmern bei Mitpatienten als auch bei den Schwestern und Ärzten. Bei den Menschen im Wartezimmer kommt es immer sehr schnell zu einer »Verbrüderung«. Ich versuche mich möglichst aus den wenig konstruktiven Gesprächen herauszuhalten. Aber zwangsläufig bekomme ich viele Geschichten mit. Mir ist ein junges Mädchen mit einem Gehirntumor in Erinnerung, die mit offensichtlich sehr reichen Eltern aus Italien eingeflogen kam auf der verzweifelten Suche nach Rettung. Oder der hübsche, strahlende junge Mann im Rollstuhl, der schon wenige Jahre nach der MS-Diagnose nicht mehr laufen konnte. Manchmal denke ich an diese Menschen und kann dich nur bitten, Gott, ihnen Kraft und Lebensmut zu schenken.

Mit den Ärzten ist das auch so eine Sache. Über Doc M. habe ich schon mit dir gesprochen. Lass dich von ihm finden, Gott. Dann gibt es noch meinen Bio-Doc S. Er begleitet mich mit komplementärer Medizin und ist immer jemand, der mir den Kopf zurechtrückt, wenn ich mich in etwas hineinsteigere. Dabei nimmt er meine Ängste trotzdem ernst. Und eigentlich haben wir immer viel zu lachen.

Manchmal tun die beiden mir leid. Ich bin nun wirklich keine einfache Patientin, allein wegen meiner Diagnose. Und ich will immer alles ganz genau wissen, hinterfrage alles und treffe meine Entscheidungen häufig anders, als die Ärzte es erwarten. Wie halten sie das nur aus? Zudem werden sie sicher auch nicht immer Erfolg haben. Nehmen sie die Geschichten ihrer Patienten mit in den Feierabend? Du, Gott, bist der beste Arzt. Dass physische Heilung nur stattfinden kann, wenn die Seele heil ist, habe ich mittlerweile begriffen. Und »heilig« und »Heilung« haben denselben Wortstamm.

Krankenschwestern. Eine Spezies für sich. In meinem engsten Freundinnenkreis gibt es gleich mehrere: Barbara, Ulrike und Astrid, die Hebamme, und sie ticken wie ich. Mit ihnen kann ich alles fachliche, aber auch sonst alles andere besprechen. Sie wissen sofort, was ich meine. Ich liebe sie dafür! Während der Krankenhausaufenthalte, während der Therapie, aber auch bei allen diagnostischen Interventionen begegnet mir meine eigentliche Berufsgruppe. Die Frauen (tatsächlich sind mir nur sehr wenig Pfleger untergekommen) waren unterschiedlich empathisch. Manchen ist schon eine Frage zu viel.

Wie stressig der Alltag dieser »Engel ohne Flügel« ist, weiß ich aus eigener Erfahrung, und nicht jeder Tag verläuft gleich gut. Die Pflegekräfte (und Ärzte) haben auch ihre eigene Biografie und ihre Alltagssorgen. Dafür habe ich Verständnis. Und meistens hatte ich sehr gute und fürsorgliche Begegnungen; ein Augenzwinkern, ein Lächeln oder eine Berührung waren oft mehr Hilfe als ein Schmerzmedikament.

Aber Gott, manchmal waren es schwierige Situationen, in denen ich mich alleine und ausgeliefert fühlte. Warum musste ich fast völlig nackt und frierend zwanzig Minuten auf einen Doktor warten? Und als ich um eine Decke bat, bekam ich ein genervtes Augenverdrehen zu sehen. Es sind eben Kleinigkeiten. Für mich waren es manchmal riesige Mühlsteine.

Ich finde, Pflegekräfte sind unterbezahlt, nicht ausreichend gesellschaftlich gewürdigt und sollten mit mehr Respekt und Achtung bedacht und gesehen werden. Und ich bitte dich, Gott, für jede einzelne Pflegekraft: Schenke ihnen den Blick für Kleinigkeiten!

Ich sehe dich

Samstag – der ideale Tag für Gartenarbeit. Die Sonne scheint und ich bin der Ansicht, dass die Fugen auf unserer Einfahrt zu viel Moos und Unkraut aufweisen. Also schnell das Garten-Outfit angezogen, und los geht's!

Das Auskratzen der Fugen geht am besten mit einem alten Küchenmesser. Es ist noch relativ scharf, aber natürlich etwas rostig und dreckig. Es kommt, wie es kommen muss ... Die erdverkrustete

Klinge dringt in meinen Daumen ein und verursacht eine stark blutende Wunde. Ich renne ins Bad und hinterlasse eine kleine Blutspur auf dem Flur. Sofort gieße ich gleich literweise Sterilium und Softasept (Desinfektionsmittel, die natürlich immer neben dem Waschbecken stehen) über die Wunde. Der Schnitt ist nicht groß und auch nicht sehr tief und tut nicht weh. Ich drücke, um es gut ausbluten zu lassen, denn es fällt mir siedendheiß ein, dass ich sicher keinen Tetanusschutz mehr habe, da die letzte Auffrischung der Impfung etwa 150 Jahre her ist. Prima! Und das mir als Krankenschwester ...

Ich rufe beim hausärztlichen Notdienst an und erkläre die Situation. Die Diensthabende blafft mich an, dass ich dazu in die Notaufnahme des hiesigen Krankenhauses muss. Mir ist das peinlich, da die Wunde nicht chirurgisch versorgt werden muss, sondern lediglich eine Auffrischung von Tetanus nötig ist. Und es kann leider nicht bis Montag warten, da man nur sechs bis acht Stunden Zeit hat. Der Ton ist alles andere als freundlich, trotzdem bedanke ich mich artig.

Notaufnahme. Ich erkläre meine Bagatellverletzung an der Anmeldung und die nette Schwester lacht, verdreht die Augen und sagt: »Typisch Krankenschwester!« Ich lache etwas gequält mit und warte über zwei Stunden. Als ich schließlich über Lautsprecher in den OP-ähnlichen Raum gerufen werde, fange ich an zu zittern, weil die Klimaanlage auf höchste Stufe gestellt ist und mich die ganze Situation doch nervös macht, obwohl ich ja weiß, dass ich nichts Schlimmes zu erwarten habe. Ich habe ja schon ganz andere Sachen überstanden ...

Die Tür wird aufgerissen, der Arzt blickt auf den PC, wendet sich der Schwester zu und sagt: »Auffrischung!« Ich bin aufgesprungen und halte ihm meinen Daumen hin, auf den er mit einem Meter Entfernung einen Blick wirft und wieder hinausgeht. Die Schwester eilt hinterher und sagt noch im Gehen: »Komme gleich wieder!« Ich plumpse auf meinen Stuhl zurück und bin sprachlos. Sofort wird wieder die Tür aufgerissen und eine andere Schwester kommt herein. Ich freue mich, dass es so schnell weitergeht, aber sie würdigt mich keines Blickes, sagt kein Wort und füllt aus einem Korb ein paar Schränke auf. Ich beobachte sie und überlege, ob ich etwas sagen soll. Sie tut aber sehr beschäftigt und geht nach ein paar Minuten wieder hinaus, ohne mich ein einziges Mal angesehen oder ein Wort gesagt zu haben.

Mir fällt der Kinofilm »Avatar« ein, in dem die blauen Wesen, die Na'vi vom Planeten Pandora, sich mit: »Ich sehe dich« begrüßen. Was für ein schöner Gruß! Jemanden sehen und wahrnehmen, ihn erkennen und achten.

Natürlich ist in einer Notaufnahme immer viel los und natürlich war ich kein schlimmer Fall, aber ein Blick und ein »Hallo« wären schön gewesen.

Ich nehme mir fest vor, zukünftig den Menschen, denen ich begegne, offen ins Gesicht zu blicken. Und wer weiß, was ich dann sehe …

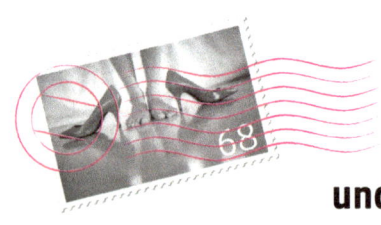

Franken, Schrauben und ein Lebenstraum

Hallo Gott,

dass Ralf, im Wortsinn, ein Geschenk des Himmels ist, dafür bedanke ich mich jeden Tag bei dir! Wir haben immer gesagt, wir wollen zusammen alt werden. Mindestens 150 Jahre! Und wir wollen uns unsere Geschichten erzählen, wenn wir uns wohlmöglich nicht mehr daran erinnern können, weil wir dement sind.

Ich habe Franken schon immer geliebt. Auf unseren Reisen habe ich Ralf »mein« Franken gezeigt, und er verliebte sich ebenfalls. Zum Glück wohnt Barbara mit meinen drei »Ersatztöchtern« Franzi, Vroni und Sophi auch in der Gegend, und so hatte ich immer einen Anlass, oft dort zu sein. Mit den drei Mädels konnte ich all den »Mädchenkram« machen, der für einen Jungen wie Malte undenkbar war: Wir saßen auf dem Fußboden im Badezimmer und ich bemalte jede Menge Nägel, manchmal auch in unterschiedlichen Farben. Barbara ließ mich kopfschüttelnd gewähren. Malte beobachtete und hatte auch seinen Spaß, denn er musste nur die Kunstwerke für gelungen oder eben nicht gelungen befinden.

Und immer, immer konnte ich mit Barbara über alles reden, lachen und weinen. Mit ihrer zupackenden Art bringt sie einfach immer die Dinge auf den Punkt. Das ist so wohltuend! Unkompliziert! Warmherzig! Zuverlässig! Und wunderbar!

Wie schon gesagt, haben wir uns vor einiger Zeit für einen zweiten Wohnsitz in Franken entschieden. Das war ein wichtiger Schritt für mich. Und deshalb hier noch kurz die Geschichte vom Kauf dieser Wohnung: Ich fand nach kurzer Suche ein geeignetes Objekt – es war perfekt: im Herzen der wunderschönen fränkischen Schweiz gelegen, 25 Kilometer von Bamberg und keine 30 Kilometer von Barbara und ihrer Familie entfernt. Ich machte es zu »meinem Projekt«, wie es in der TV-Werbung heißt. Die Idee einer Vorbesichtigung mit Barbara, um eine objektive Meinung zu bekommen, setzten wir schnell um, denn ich war schon vom Exposé begeistert. Mit Ralf fuhr ich ein zweites Mal hin. Dann erbaten wir eine Woche Bedenkzeit und fragten uns, worauf wir eigentlich noch warten wollten, um uns einen Lebenstraum zu erfüllen.

Ich stürzte mich mit Feuereifer und viel Energie, die ich dank dir, Gott, hatte, in dieses Projekt und kümmerte mich um Organisatorisches, Formales und Praktisches. Im Frühsommer 2014 konnten wir die Wohnung übernehmen. Vorher nahm ich einige »Schönheitsrenovierungen« vor, aber grundsätzlich war die Wohnung in einem Topzustand. Nur die Fliesen in der Küche waren beige-braun, und das gefiel mir so gar nicht. Kurzentschlossen ließ ich mich in einem Fachgeschäft beraten und strich die Fliesen in vier Arbeitsschritten weiß. Nun hast du mir wohl nicht nur Talent zum Schreiben geschenkt, sondern auch zum Streichen, denn das Ergebnis war phänomenal! Ich hatte viel Spaß dabei und konnte ausmessen, wie wir was einrichten wollten. Bei vielen Dingen waren uns Barbara und ihr Mann Uli eine große Hilfe, denn wir fuhren zusammen Möbel einkaufen. Den Zusammenbau erledigten wir in einer »Hau-Ruck-Aktion« mit Malte und seiner Freundin Sarah an nur einem Wochenende. Von Freitagabend bis Sonntagmittag hatten wir vier es geschafft, alle Schrauben in die dafür vorgesehenen Löcher zu stecken und zu befestigen und belohnten uns mit leckeren fränkischen Gerichten. Es war ein tolles Wochenende!

Wir sind, wenn es irgendwie möglich ist, einmal im Monat dort, und es ist zu Ralfs und meiner Oase geworden. Wir gehen viel mit Rala wandern, die sich dort mittlerweile auch heimisch fühlt, und entdecken die Gegend. Vieles kannte ich schon, einiges ist auch mir neu. Wir lieben es, dort zu sein, und es ist eine schöne Mischung aus Zuhausesein und Ferien.

Manchmal denke ich, dass es ein dekadenter Luxus ist. Ich bin dir unendlich dankbar, Gott, für die gute Zeit, deine wunderbare Schöpfung, die ich dort unten noch einmal ganz anders und bewusster wahrnehme, und die vielen schönen Begegnungen.

Samstagsgroßeinkauf

Kurz vor zehn Uhr auf dem Parkplatz eines schwedischen Möbelhauses ist tatsächlich kaum noch ein Stellplatz zu finden. Logisch! Denn es ist Samstag! Alle sind jetzt hier um Teelichter, Geschenkpapier, Krimskrams oder eine komplette Wohnungseinrichtung zu kaufen.

Ich bin noch nicht ganz im Laden, als mir schon der Erste mit dem unhandlichen, aber nützlichen Großraumeinkaufswagen in die Hacken gefahren ist. Ärgerlich drehe ich mich um und habe sofort Mitleid, denn eine junge Frau mit einem brüllenden Kleinkind auf dem Arm und einem megagenervt aussehenden Mann an ihrer Seite murmelt ein leises »'Tschuldigung«. Nein, den Einkaufsbummel möchte ich nicht vor mir haben. Das sieht für mich schwer nach Stress aus ...

Wie üblich muss man durch den ganzen Laden laufen, um zu den entscheidenden Riesenregalen mit der begehrten Beute zu kommen. Ich komme ebenfalls wie üblich nicht umhin, schon auf dem Weg überflüssigen Kleinkram und natürlich Teelichter in den großen, gelben Einkaufssack einzusammeln. Deswegen bin ich natürlich nicht hier, und außerdem habe ich schon mindestens drei Beutel mit Teelichtern im Schrank. Egal. Es könnte ja einen globalen Stromausfall geben. Dann wäre ich wenigstens gut versorgt.

Auf der Hälfte des Weges biegt ein Großteil der kaufwütigen Massen ab in das Café. Ich höre im Vorbeigehen (ich habe zum Glück schon ein Müsli gegessen und lasse mich davon jetzt nicht verführen), dass unter der Woche ganze Busse mit Senioren hier anstranden, nur um zu frühstücken!

Endlich bin ich in der Mitnahmeabteilung angelangt. Und obwohl ich nicht wirklich ein Küchenfan bin, könnte ich schon hier sämtliche Spülbürsten, Weingläser, Bestecke, Servietten sowieso, Geschirre und andere Hilfsutensilien mitnehmen. Als nächstes Stoffe, Bettwäsche, Gardinen und Badutensilien – herrlich! Auch hier gefällt mir (fast) alles, und ich beherrsche mich mühsam, denn natürlich habe ich auch daran keinen wirklichen Mangel. Bilderrahmen in allen Formen, Farben und Größen, Spiegel, Zeitungsschuber, Boxen und Ordnungssysteme – ein Traum! Könnte ich alles gebrauchen! Immer! Jedes Mal!

Die Lampenabteilung ist tatsächlich die einzige Abteilung, durch die ich völlig emotionslos laufen kann, ohne mich wie ein Süchtiger zu verhalten.

Zum Schluss komme ich dann in die riesige Lagerhalle mit dem für mich undurchsichtigen System der Hochregale. Wie immer bin ich überfordert, obwohl sich alle anderen Einkäufer sofort zurechtfinden. Wie peinlich! Dann bin ich endlich am richtigen Standort in der richtigen Regalreihe vor dem richtigen Fach – und eine gähnende Leere tut sich vor mir auf!

Klar, die Kommode, die ich wollte, wollten auch schon die Massen vor mir, die noch vor Sonnenaufgang vor der Tür auf Einlass gewartet haben. Ein Schild erklärt mir Dummi, was ich nun tun muss: »Sollte das gewünschte Teil nicht mehr da sein, wende dich bitte an einen Servicemitarbeiter.« Scherz! Natürlich ist weit und breit kein freilaufender Servicemitarbeiter zu sehen. Nur an einem Info-Tresen steht einer, der hektisch auf seiner Tastatur herumhackt. Vor ihm stehen etwa 57 andere Hilfesuchende.

Ich erspare mir eine lange Wartezeit. Schließlich ist die Kommode nicht überlebenswichtig und ich habe schon reiche Beute gemacht. So habe ich wenigstens einen Grund, recht bald wieder auf Beutezug zu gehen und erneut wie ein Messi Teelichter zu horten.

Familie

Barmherziger Gott,

vielleicht hatte ich mich etwas zu sehr verausgabt. Es ging mir nicht so gut. Ich war schnell müde und hatte nicht so viel Energie wie sonst. Ich vermutete einen Infekt und ließ es etwas langsamer angehen. Ich war ziemlich genervt, weil ich nicht so belastbar war, frustriert und nachdenklich. Was, wenn der Krebs wieder ausgebrochen war? Versagte meine Leber?

Und ich war zornig, Gott! Warum diese ständigen »Ups« und »Downs«? Ich konnte dich mal wieder nicht verstehen. Wann würde jemals wirklich Ruhe in mein Leben einkehren? Konnte es nicht einmal ganz normal bei mir laufen? Jeder andere normale Mensch hatte eben einfach einen Infekt. Na und? Bei mir war es gleich eine mittlere Katastrophe und ein potenzieller möglicher Krebsausbruch mit Organversagen!

Meine Hausärztin und Freundin Kerstin stellte schnell fest, dass es tatsächlich ein Infekt war. Nicht mehr, aber auch nicht weniger. Nach telefonischer Rücksprache mit Doc. M. und dem UKE nahm ich die dreifache Dosis meiner Tabletten und schon ging es mir etwas besser. Bei einem Infekt mit Fieber verbraucht der Körper mehr Cortisol, und da ich davon gar nichts produziere, muss ich eben einfach mehr substituieren. Einfache Geschichte. Man muss es nur wissen. Ich war trotzdem nicht gerade bester Stimmung und richtete mich auf ein paar Tage Bettruhe mit einem dicken Stapel Bücher ein. Natürlich blieb ich nicht im Bett, sondern lümmelte auf dem Sofa herum. Ich hatte wie immer keinen Appetit, war müde und schlapp und konnte mit Fieber auch nicht mit Rala nach draußen gehen.

Nun habe ich ja nicht nur Ralf geheiratet, sondern seine wunderbare Familie gleich mit: drei Brüder, ihre dazugehörigen sehr netten Frauen und insgesamt sechs Neffen. Nicht zu vergessen meine liebe Schwiegermutter Marianne und meinen Schwiegervater Walter. Sie alle adoptierten mich und Malte sofort, völlig ohne Vorbehalte! Was für ein Geschenk, Gott. Familie ist schon eine tolle Erfindung von dir! Jedenfalls setzte sich Marianne sofort ins Auto, als sie hörte, dass ich »flachlag«, brachte mir Suppe, Blumen aus ihrem Garten und Zeit, sich um mich zu kümmern, denn Ralf musste arbeiten. Noch so ein Engel ohne Flügel!

Ich brauchte gar nichts zu tun, nur schlafen, ausruhen und den Infekt bewältigen. Alles andere nahm mir Marianne ab. Da ich viel Zeit hatte, dachte ich über mein Leben nach. Und über Familie. Ich bin ganz sicher, ohne meine Familie hätte ich es nicht bis hierher geschafft! Ich war mit so viel Liebe umgeben, dass das nur heilsam sein konnte. Mir sprachen alle Trost und Hoffnung zu, lachten mit mir, weinten mit mir und waren immer für mich da, mit Worten und Taten. Was konnte ich mir mehr wünschen?

Nach zwei Tagen liebevoller Pflege ging es mir wieder so gut, dass ich alleine zurechtkam, und Gott, ich hoffe, du gibst mir Gelegenheit und Zeit, all die empfangene Liebe und Hilfe an meine Familie zurückzugeben, wenn es nötig wird! Also: Heile mich! Ich werde gebraucht!

Biografie

In den letzten Wochen habe ich mich irgendwie in die Biografien von drei sehr unterschiedlichen Frauen versenkt. Sie hatten eigentlich nur eines gemeinsam – eine Affäre beziehungsweise eine Ehe mit John F. Kennedy.

Mich faszinierte die Geschichte von Marlene Dietrich und ich besorgte mir die 800 Seiten starke Biografie, die ihre Tochter Maria Riva kurz nach dem Tod »der Dietrich«, wie sie sich selbst gerne nannte, schrieb. Sie hatte wohl eine kurze Affäre mit Kennedy.

Im letzten November waren 50 Jahre seit dem Attentat auf ihn vergangen. Ich hatte einige Dokumentationen gesehen und die Frau an seiner Seite interessierte mich sehr: Jacky Bouvier Kennedy Onassis. Das war die zweite, ebenfalls 800 Seiten dicke Biografie, die auf meinem Büchertisch lag und ich las sie gleich im Anschluss, da es auch einige Berührungspunkte der Familien gab.

Nun war Kennedy wohl kein unbeschriebenes Blatt, was Frauen und Affairen anging, und auch Marilyn Monroe begegnete Jacky, Marlene und wie allgemein bekannt dem damaligen Präsidenten der USA. Das war die dritte Biografie, die ich verschlang. Sie hat allerdings nur knapp 150 Seiten. Das mag auch daran liegen, dass Marylin Monroe bekanntermaßen nur 36 Jahre alt wurde (Jacky 64 Jahre, Marlene 91 Jahre) und dass es viele unklare Begebenheiten in ihrem Leben gab. Die Umstände ihres Todes sind bis heute nicht eindeutig geklärt.

Nach der Lektüre dieser drei Lebensgeschichten frage ich mich: Was wird man von mir erzählen? Was ist meine Lebensgeschichte?

Alle drei Biografien wurden von Beobachtern geschrieben, also nicht von denjenigen selbst, um die es in der jeweiligen Geschichte ging. Das ist natürlich eine andere Perspektive. Die Innenansicht kann man eigentlich nur selbst beschreiben. Es bleibt die Frage, was die realistischste Perspektive ist: Die eigene oder die eines Beobachters? Ist nicht beides gefärbt von subjektiver Wahrnehmung, Gefühlen, Verklärung und Wunschdenken? Alle drei Biografien handeln von (starken) Frauen und wurden von Frauen aufgeschrieben. Hat auch das einen Einfluss auf die Wahrnehmung? Ich habe mir zwei weitere Biografien besorgt: Ernest Hemingway (den ich sehr mag – zumindest das, was er geschrieben hat) und Antoine de Saint-Exupéry (den ich ebenfalls gerne lese). Interessanterweise sind diese Biografien jeweils von Männern geschrieben.

Ich bin froh, dass ich Zeit habe, an meiner Biografie »mitzuschreiben« – dass ich Gelegenheit habe, sie positiv zu verändern. Schließlich möchte ich gerne etwas Gutes über mich lesen, falls sich jemand die Mühe machen sollte, über mich zu schreiben – was eher unwahrscheinlich ist. Na ja, vielleicht tue ich es dann doch lieber selbst. Aus der Innenansicht heraus. Genug zu erzählen hätte ich wohl, auch wenn es nicht so spektakulär ist, wie das, was von den anderen drei Frauen berichtet werden kann. Mal sehen – vielleicht ein neues Projekt?!

Wie recht ich mit meiner damals aufkeimenden Idee hatte – nein, es war wieder eine eingeflüsterte Antwort von dir, Gott, stimmt's? –, konnte ich damals noch nicht ahnen, und es zeigte sich dann auch erst über ein Jahr später.

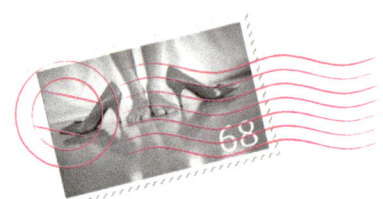

Hundeleben

Hallo Gott,

wenn ich mit dir rede, gehe ich meistens mit unserem Hund spazieren. Ich kann mich dann ganz auf deine Schöpfung konzentrieren, alles mit dir besprechen. Außerdem ist es auch noch gesund, sich viel an der frischen Luft zu bewegen. Da ich eigentlich eher eine »Couchpotato« bin, ist es sehr gut, dass Rala mich quasi zwingt, bei Wind und Wetter, Sonne und Regen, Sturm und lauem Lüftchen rauszugehen.

Oft gehe ich dieselben Strecken, aber manchmal mache ich auch Umwege. Du gehst jedenfalls immer mit. Die Gespräche sind eigentlich keine Monologe, weil ich viele Ideen oder mögliche Schritte und Entscheidungen auf diesen Spaziergängen im Dialog mit dir getroffen habe. Würde ich »eine/deine Stimme« hören, würde ich mir Sorgen um meinen Geisteszustand machen und dahinter wahrscheinlich Hirnmetastasen vermuten, die Halluzinationen verursachen.

Ich kann da nur für mich sprechen: Ich glaube – nein, ich weiß –, die Gedanken, die mir kommen, wenn ich sie »vor dich« gebracht habe, kommen von dir zurück, oder vom Heiligen Geist. Eine andere Erklärung habe ich nicht. Ich frage immer nach, ob ich dich auch wirklich richtig verstanden habe oder ob es Wunschdenken oder krude Interpretation ist. Das macht mich dann manchmal unsicher, Gott. Und damit sind wir wieder bei Glauben und Vertrauen. Das scheint meine ewige Baustelle zu sein.

Jedenfalls sind mir diese Gespräche mit dir lieb und teuer. Natürlich spreche ich auch mit dir, wenn ich im Gottesdienst bin oder zu einem Notfallseelsorge-Einsatz fahre oder unter der Dusche stehe. Ohne diese Gespräche wäre ich wohl nicht mehr am Leben. Sie sind mir so wichtig wie das Atmen geworden. Ja, ich weiß, nicht immer bin ich sehr freundlich zu dir und ich frage und diskutiere viel. Aber ich weiß, auch wenn ich zornig oder traurig und verzweifelt bin, hörst du mir geduldig und liebevoll zu. Und davon hat es in den letzten Monaten sehr viele Momente gegeben.

Wie dem auch sei, jedenfalls kam Rala drei Monate, bevor ich die erste Diagnose Krebs bekam, zu uns. Und ich weiß, auch das war kein Zufall.

Rala

... ist ein Border Collie-Mix, hat aber überwiegend Charaktereigenschaften, die einem Border Collie entsprechen: sensibel, intelligent, hütet gerne, braucht viel Bewegung und kann rennen wie ein Blitz – geradezu fliegen, könnte man meinen.

Seit acht Jahren ist sie ein fester Bestandteil unserer »Herde«. Ich fand sie als Welpe auf einem Aushang in einem Tierbedarfsladen. Eigentlich war ich an einem Großsittich, besser noch an einem Papagei interessiert. Das war ein Kindheitstraum von mir. Ich wollte mir dazu einen Flyer von einem hiesigen Züchter holen und blickte auf die Pinnwand, wo eine Annonce hing, dass Welpen abzugeben wären. Ich schnappte mir den besagten Vogel-Flyer und einen Zettel mit der Telefonnummer dessen, der die Hundebabys loszuwerden versuchte. Warum? Keine Ahnung! Ich wollte keinen Hund.

Da ich an diesem Nachmittag nichts Besseres zu tun hatte, rief ich trotzdem kurz entschlossen an und fragte, ob ich mir die Welpen mal ansehen könnte. Ja, kein Problem, sagte man mir, es sei aber nur noch ein Hund da. Auf dem Weg dorthin fragte ich mich, warum ich das tat. Naja, schauen könnte ich ja mal …

Verloren! Auf den ersten Blick! Du meine Güte, war dieses Hundemädchen süß! Zwölf Wochen alt, ein Mix aus Border Collie und Collie, stubenrein, sie konnte schon an der Leine gehen, etwas alleine bleiben und war Autofahren gewohnt. Perfekt! Sie wollte mich offensichtlich auch, denn sie schlief beim Gespräch mit der Züchterin auf meinem Schoß ein. Eigentlich wollte diese den Hund selbst behalten, merkte aber, dass dann die Mutter des Wurfes zu kurz kommen würde. Also musste sie sich schweren Herzens von der Kleinen trennen.

Ich erbat mir einen Tag Bedenkzeit, verbrachte mehrere Stunden mit Recherche und überrumpelte meinen Mann mit der Idee, aus einem Papagei einen Hund zu machen.

Seit acht Jahren ist Rala nun eine treue Begleiterin. Ich weiß, es gibt Menschen, die ihren Hund wie einen Menschen behandeln, und ich werde mich hüten, über Rala so zu sprechen. Dennoch bin ich der Überzeugung, dass dieser Hund genau zu uns passt. Sie bringt uns häufig mit ihren Albernheiten zum Lachen und verlangt uns in Sachen Bewegung einiges ab. Ich bin der Ansicht, dass das in meinem Heilungsprozess ein wichtiger Bestandteil war und ist, denn ich bin jeden Tag mehr oder wenige 1,5 bis 2 Stunden mit Rala unterwegs. Sie ist schlau, versteht viele Worte und Kommandos und kann viele Kunststücke. Man merkt ihr an, dass sie Spaß daran hat, das zu tun, was wir sagen. Manche würden das devot nennen, so ist aber ihr Naturell – sie will uns gefallen. Ihre Sensibilität ist beeindruckend: Sie spürt, wenn ich mal einen schlechten Tag habe, ist dann besonders anhänglich und »hütet« mich. Das meint, dass sie mich mit der Nase in die Waden stupst, so wie sie es normalerweise mit Schafen tun würde, denn dazu sind Border Collies eigentlich gezüchtet worden. Sie erträgt es auch nur schwer, wenn »ihre« Herde auseinanderläuft. Wenn Ralf also rechts abbiegt und ich links, weiß sie nicht, wem sie folgen soll. Das funktioniert dann nur mit Leine.

Warum ich über Rala schreibe? Viele Hunde sind sicher ähnlich toll. Und es gibt rührende Geschichten über sie. Aber Rala ist eben »unser« Hund – und er tut mir gut in meinem pinkfarbenen Leben.

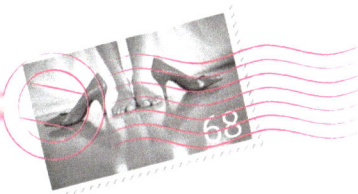

Seelenknoten

Hallo Gott,

ich hatte mir gleich nach der Operation vorgenommen, nicht aus dieser Welt zu gehen, ohne vorher meine Liste mit unerledigten Dingen abgearbeitet zu haben: unangenehme Dinge; Dinge, die ich immer wieder aufgeschoben und die riesige Knoten auf meiner Seele hinterlassen haben. Allerhöchste Zeit, diese Knoten zu lösen! Denn ich war auch überzeugt, dass äußere Heilung nur möglich ist, wenn auch die Seele geheilt wird. Viel Arbeit lag da vor mir ...

Einer der ganz großen Knoten auf meiner Seele war der abgebrochene Kontakt zu meiner Freundin Jutta aus Bamberg und besonders zu ihrem Sohn Wolfgang, meinem Patenkind! Selten hatte ich wohl so versagt wie in meinem Job als Patin. Dabei war mir die Patenschaft sehr wichtig und ich nahm sie vor fast 20 Jahren nach ganz bewusster Überlegung voller Freude an.

In einer langen, schlaflosen Nacht im Krankenhaus, als du mal wieder an meinem Bett saßt, wurde mir klar, dass ich eine ganze Menge zu klären hatte und dass ich nur »heil« werden konnte, wenn ich die unerledigten, verdrängten Dinge endlich klären würde. Und ich war auch ein bisschen sauer – hatte ich nicht gerade genug um die Ohren? Und warum sollte ich eigentlich den ersten Schritt machen? Es gehören ja immer zwei Parteien zu einem Konflikt – wobei es in diesem Fall gar keinen Konflikt gab, sondern der Kontakt war aufgrund vieler äußerer Umstände einfach abgerissen, was es vielleicht nicht besser macht.

Es würde mich viel Kraft und Überwindung kosten. Trotzdem ließt du mir wie immer die Wahl. Ich konnte mich entscheiden, ob ich den ersten Schritt wagen wollte oder nicht. Ich wagte – und gewann! Das wusstest du natürlich schon vorher, Gott, nicht wahr?

Es dauerte trotzdem noch einmal fast ein Jahr, bis ich dann im Sommer ein erstes Wiedersehen mit Jutta vereinbaren konnte. Wir trafen uns an einem schönen Sommertag in einem der vielen Bamberger Straßencafés in der Nähe der Uni, erkannten uns auf Anhieb, obwohl wir uns mindestens fünfzehn Jahre nicht gesehen hatten, und fielen uns in die Arme.

Ich habe selten eine so – im Wortsinn – heilsame Begegnung gehabt! Unsere Freundschaft wurde wieder heil und auch ein Teil meiner Seele. Und es war so einfach! Ich kann es bis heute noch nicht fassen, warum ich nicht schon viel eher diesen Schritt gegangen bin. Was hätte ich zu verlieren gehabt? Meinen Stolz? Lächerlich!

Die Herzlichkeit und Güte von Jutta machten es mir leicht. Wir sehen uns jetzt wieder öfter und sprechen über »alte« Zeiten, als unsere Jungs noch klein waren, und lachen viel. Wir sind wieder oder besser immer noch Freundinnen. Auch zu meinem Patenkind habe ich jetzt per Mail Kontakt, vielleicht treffe ich ihn bald!

Das hast du, Gott, mal wieder toll eingefädelt! Und ein weiteres Mal bin ich dankbar und glücklich für deine heilsame Kraft.

Offene und geschlossene Türen

Als ich in einer Nebenstraße der Bamberger Altstadt eine wunderschöne Tür entdeckte, musste ich an eine Begegnung mit meiner Freundin Jutta denken.

Wir waren gut befreundet gewesen, als unsere Kinder noch klein waren. Bevor sie in die Schule kamen, verloren wir uns durch Umzüge, verschiedene Interessen und »viel zu tun« aus den Augen. Eine Tür wurde geschlossen. Nicht im Zorn zugeschmissen und verriegelt, sodass keine Möglichkeit bestand, sie je wieder zu öffnen – nein, sie wurde einfach leise zugemacht und fast vergessen.

Gelegentlich ging ich gedanklich an dieser Tür vorbei, dachte an Jutta und wie es ihr und ihren Kindern wohl ging und machte mir eine mentale Notiz, mich mal wieder zu melden beziehungsweise nach ihr zu suchen (was Dank der modernen Medien und sozialen Netzwerke ja nicht so schwierig ist).

So vergingen die Jahre. Immer seltener dachte ich daran, diese Tür wieder zu öffnen. Ich hatte einfach zu viel um die Ohren und überhaupt: zu lange her, kann ich ja immer noch machen und so weiter. Die Kette der Ausreden war lang.

Was für alberne Begründungen, denn keine davon ist wahr! Das wurde mir klar, als ich realisierte, dass ich möglicherweise keine Zeit mehr dazu haben würde, Dinge »irgendwann« zu erledigen, weil meine Krankheit plötzlich lebensbedrohlich war. Es dauerte ein weiteres Jahr, bis ich den Mut fand, an die Tür zu klopfen in der Hoffnung, dass sie geöffnet würde.

Das wurde sie! Ich war erfreut, gerührt und unendlich dankbar. Mir fiel ein Stein vom Herzen, dass die Tür ohne Vorbehalte, Vorwürfe oder Ressentiments geöffnet wurde. Und ich war überrascht, wie einfach es doch eigentlich sein kann, vermeintlich geschlossenen Türen wieder zu öffnen, wenn man sich bloß traut. Es ist nie zu spät!

Kommunikation und Kühlschränke

Danke, Gott,

dass wir immer genug zu essen haben. Überreichlich! Das ist nicht selbstverständlich. Mit meiner Esserei ist das auch so ein Thema ... Ich versuche, mich gesund zu ernähren, mag aber auch nicht alles und habe oft auch wenig Appetit. Trotzdem ist immer genug im Kühlschrank und im Vorratskeller. Oft so viel, dass ich es gar nicht bewältigen kann und am Ende wegwerfen muss, weil es verdorben ist. Ich kann jeden Tag fast zu jeder Uhrzeit alles kaufen, was ich will. Ob ich es brauche, ist eine andere Geschichte.

Wie gut, dass Ralf gerne und gut kocht. Esskultur ist eine schöne Sache. Als Malte noch bei uns lebte, haben wir immer versucht, abends gemeinsam zu essen und dabei den Tag Revue passieren zu lassen. Das haben wir alle sehr genossen. Heute fehlt es mir manchmal. Gemeinschaft am Esstisch ist toll – deshalb laden wir gerne und oft Freunde und Familie zum Essen ein und werden auch häufig eingeladen.

Meistens entspinnen sich dann lebhafte Gespräche und Diskussionen. Nun ist das mit der Kommunikation ja auch so eine Sache. Worte sind mächtig! »Wie sprechen Menschen mit Menschen?« fragte der Schriftsteller Kurt Tucholsky und beantwortete seine Frage gleich selbst: »Aneinander vorbei.«

Bei mir und meinen Mitmenschen ist das manchmal genauso, und viele Paare, Eltern, Kinder, Freunde können in dieses Lied einstimmen. Ich habe in meinem Leben einige wirklich brillante Redner und Wortjongleure kennengelernt und hoffentlich etwas gelernt. Ich selbst rede und schreibe ebenfalls viel und verbrauche viele Worte. Immer die richtigen zu wählen, ist gar nicht so einfach, und dennoch liebe ich es, mit ihnen zu spielen.

Auch bei dir finde ich nicht immer die richtigen Worte, Gott, und trotzdem ist es gelungen, mit dir im Gespräch zu bleiben, denn du hilfst mir dabei.

Der Kühlschrank

… ist in meiner Familie ein sehr wichtiges Möbel. Meiner Ansicht nach ist viel zu viel darin. Darüber gehen die Meinungen gravierend auseinander. Doch nicht nur die Quantität der Kühlschrankfüllung ist ein Diskussionspunkt, sondern auch die Qualität. Denn natürlich ist der »richtige« Joghurt nicht dabei. Oder es liegen Lebensmittel darin, die nicht dorthin gehören – nach Meinung einiger Weniger aus meiner Familie. Ich finde aber schlabberige, matschige Gummibären schrecklich. Darum lege ich sie in den Kühlschrank, damit sie bissfest sind. Und natürlich auch Schokolade und Pralinen. Aber wie gesagt: Darüber kann man kontrovers diskutieren.

Als ich kürzlich mit einem Kollegen über Kommunikation im Allgemeinen und im Speziellen sprach, erzählte er folgende Begebenheit – ein Kühlschrank spielt darin die eigentliche Hauptrolle:

Er kam nach einem turbulenten Arbeitstag nach Hause. Seine Frau, ebenfalls voll berufstätig, war unmittelbar vor ihm eingetroffen. Wie in vielen Familien führt auch bei ihm der erste Gang zum Kühlschrank. Er öffnete also die Kühlschranktür und sagte: »Der Kühlschrank ist leer.«

Als er die Geschichte bis hierher erzählt hatte, schnappte ich hörbar nach Luft. Der Kollege grinste und sagte: »Aha, du auch!« Er berichtetet weiter, dass es nach diesem Satz eine »länger anhaltende Grundsatzdiskussion« mit seiner Frau gegeben habe ...

Ich kann das absolut nachvollziehen, denn ich wäre nach so einem Satz ebenfalls explodiert. Ich nehme an, vielen ginge es ähnlich, denn sie hätten, so wie die Frau meines Arbeitskollegen, sofort hineininterpretiert, dass dies ein Vorwurf ist: Ich habe nicht dafür Sorge getragen, dass der Kühlschrank ausreichend befüllt ist.

Und genau das ist der Punkt: Interpretation! Denn tatsächlich hat er wirklich nur festgestellt: »Der Kühlschrank ist leer.« Seine Frau (und eine Million andere Frauen, mich eingeschlossen, ebenso) interpretierte diesen Satz so: »Warum hast du nicht eingekauft?«

Fazit: Ich könnte jetzt Loriot zitieren: »Männer und Frauen passen einfach nicht zusammen.« Tue ich aber nicht, weil es nicht stimmt!

Dann vielleicht eher als Fazit: Lasst uns alle Kühlschränke dieser Welt abschaffen, denn sie sind nicht friedensstiftend!

Alter Hut

Ich habe den Eindruck, Gott,

dass es »mein alter Hut« ist, immer wieder Krebs zu bekommen. Immer und immer wieder bekomme ich ihn aufgesetzt!

Ich hatte nach der ersten Operation gleich ein komisches Gefühl, aber der Operateur versuchte meine Bedenken zu zerstreuen, indem er mir mitteilte, dass er »in Situ«, also im Gesunden operiert hätte. Es sei alles raus! Ich wurde »blutig«, also noch mit Fäden in der Wunde entlassen. Die sollte dann nach zehn Tagen meine Hausärztin Kerstin ziehen, wozu sie dann aber gar nicht mehr kam, da ich in diesem Moment schon wieder im Krankenhaus lag.

Ich beobachtete meine Narbe sehr genau, damit ich bloß keine Infektion bekam. Doch beim Betrachten im Spiegel hatte ich das ungute Gefühl, dass der Bereich immer dicker und geschwollener wurde. Ich wusste, dass ich dabei nicht besonders objektiv war – wie auch? Da wächst wieder was, ich wusste es! Oder besser gesagt: Du, Gott, sagtest es mir. Meine Familie versuchte mich zu beruhigen. Und wie so oft rief ich Doc M. an und erzählte ihm von meinen Ängsten. Er war auch eher skeptisch und meinte, zwei Wochen nach einer Lymphknotenausräumung könne eigentlich nichts nachgewachsen sein. Trotzdem ließ er wohl eher zu meiner Beruhigung einen Ultraschall machen. Und der Radiologe sagte: »Ja, ich sehe drei Lymphknoten: einen etwas größeren und zwei kleine. Die könnten auch reaktiv sein, aber wir sollten zur Sicherheit punktieren. In der Histologie sehen wir dann ...« Er ließ den Satz unvollendet.

Über die Punktion möchte ich nicht reden! Du warst dabei, Gott. In das frisch operierte Gewebe mit einer Hohlnadel zu stechen kann nicht gut sein! Ich wusste auch das sofort.

Ich musste über das Wochenende auf das Ergebnis warten. Zu diesen Tagen gibt es nur zu sagen: zwischen Angst und Hoffnung, Verzweiflung und Zuversicht, Nähe und eisiger Kälte. Du warst immer da – aber ich fühlte mich weit weg von dir. Als ich dann Anfang der Woche die Nummer von Doc M. auf dem Display des Telefons sah, wusste ich, was kommt, bevor er sich mit den Worten: »Ich habe leider nicht so gute Nachrichten für sie« meldete.

Ja, Gott, das mit dem Hut ist eine gute Metapher. Ich hatte das Gefühl, dass der Hut, den du mir damals aufsetztest, eine Nummer zu groß für mich war, denn er rutschte mir über die Augen und ich konnte nichts mehr sehen – gar nichts! Wie sollte ich das aushalten? Wie sollte ich das alles ertragen? Das war einfach zu viel! Du nahmst meine Hand und gingst mit mir.

Dass man Hüte auch wieder abnehmen kann, hast du mir dann mit der nun schon fast zwei Jahren dauernden Remission gezeigt.

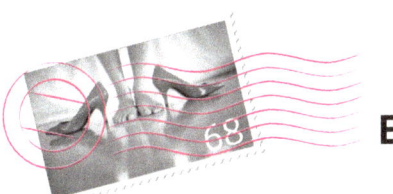

Engel

Hallo Gott,

ich kenne viele Engel ganz persönlich: Ralf, Malte, meine Eltern, meine Schwiegereltern, Barbara, Ulrike und Astrid. Manchmal begegnen mir auch Engel, wenn ich gar nicht damit rechne. Ich habe in der Zeit, als mein Leben aus den Fugen geriet, sehr oft erlebt, dass fremde Menschen ihr Mitleid über mich ausgossen wie einen klebrigen Eimer Leim. Das nervte mich maßlos, und ich hatte keine Energie, etwas dagegenzuhalten. Wäre auch unangemessen gewesen, ich weiß, Gott. Denn alle meinten es nur gut mit mir, waren aber manchmal unfähig (vielleicht aus Angst, etwas Falsches zu sagen), die richtigen Worte zu finden.

Dagegen sagten meine Engel so oft das richtige Wort zur richtigen Zeit. Oder schwiegen zur richtigen Zeit. Männer reden ja, so sagt man, eher weniger. Eines Morgens, als ich noch im Nachthemd meinen ersten Kaffee trank und in der Tageszeitung Todesanzeigen (kenne ich da jemanden?) las, regte ich mich über den Spruch: »Gehofft, gekämpft und doch verloren« auf. Ich fand ihn schon immer unmöglich, da aus meiner Sicht kein Leben verloren ist. Du siehst das doch genauso, Gott, oder? Jedenfalls sagte ich wenig empathisch zu Ralf, der gerade beim Schuhezubinden war: »Also den Spruch brauchst du keinesfalls in meine Todesanzeige zu setzen. Der Spruch ist blöd – den will ich nicht!«

Als er aufblickte, war er kreidebleich. Und ich wusste sofort, dass ich mal wieder so richtig schön ins Fettnäpfchen getreten war. Ralf und ich haben über vieles gesprochen, als es mir schlecht ging, aber sehr selten darüber, dass ich sterben könnte, obwohl wir beide sehr genau wussten, dass das möglich wäre. Ich glaube, Ralf hatte immer mehr Vertrauen zu dir, Gott. Deshalb hielt er es für unnötig, sich Gedanken über meinen Tod oder eine Todesanzeige zu machen.

Ich musste damals aber mit irgendjemandem darüber sprechen. Sicher nicht mit meinen Eltern, denn niemand will über das mögliche Begräbnis seines Kindes reden. Qua Amt kamen also nur meine beiden liebsten Engel und Freundinnen Ulrike und Barbara infrage, denn Krankenschwestern können mit so etwas umgehen. Meinen Engel Ralf musste ich mit diesem Thema verschonen. Gott, bin ich dankbar, dass du mir deine »himmlischen Heerscharen« in Menschengestalt an die Seite gestellt hast! Genau die richtigen für das jeweilige Thema. Und manchmal, wenn ich künstlerische Darstellungen von Engeln sehe, erkenne ich darin die Gesichter meiner ganz persönlichen Engel.

Lachender Engel (Bamberg)

Ja, ich glaube an Engel, und ja, auch daran, dass sie lachen können. Dieser Engel, der ein bisschen aussieht wie Joschka Fischer (finde ich), steht im Bamberger Dom links vor der Chorschranke in einer Reihe mit verschiedenen Aposteln und Propheten.

Warum der Engel lächelt, soll mit dem Bischof und Märtyrer Dionysius zusammenhängen, der der Legende nach geköpft wurde und mit seinem Kopf unter dem Arm bis zu der Stelle gelaufen ist, wo er begraben werden wollte. Der lachende Engel habe ihm als Zeichen der himmlischen Anerkennung die Krone des Martyriums überreicht, sagt man. Mir ist diese Geschichte zu düster und zu blutig. Ich hatte, seit ich den Engel das erste Mal sah (und das ist fast 30 Jahre her), immer eine eigene Geschichte im Kopf.

Ich habe mir vorgestellt, dass der Engel über uns Menschen lacht. Nicht hämisch oder gar schadenfroh, sondern voller Fröhlichkeit, Zuversicht, Freude und Hoffnung. In seinem Lachen sehe ich die Hoffnung, dass wir Menschen irgendwann begreifen, dass es gut so ist, wie es ist, und dass wir erkennen, dass wir nicht alleine sind. Er lacht voller Liebe und Barmherzigkeit (ich weiß, das ist ein großes Wort). Mir öffnet sich jedes Mal das Herz, wenn ich in dieses freundliche Gesicht sehe. Es ist zwar steinern, aber dennoch warm. Und ich frage mich, was für ein Mensch wohl der Künstler war, der dieses Lächeln erschuf. Kannte er jemanden, der so lächelte, der so ähnlich aussah wie dieser Engel? War er es gar selbst? Und warum war er der Ansicht, dass dieser Engel an diesen Platz gehört? Welche Lebensgeschichte des Künstlers steckt dahinter? Hatte er eine »himmlische« Erfahrung gemacht, um so ein Kunstwerk erschaffen zu können? War er dankbar für sein Talent, oder wäre er lieber einem anderen Beruf oder Handwerk nachgegangen?

Ich werde es nie erfahren. Ich finde meine Geschichte zu dem lachenden Engel viel besser als die kunstgeschichtliche Erklärung. Aber wie so vieles, liegt auch die Kunst immer im Auge des Betrachters.

Zahlen und Empfindlichkeiten

Wohin, Gott,

führen mich deine Wege? Du hast mir die Freiheit geschenkt, eigene Entscheidungen zu treffen. Dass ich immer alles richtig machen will, weißt du nur zu gut. Den Hang zum Perfektionismus habe ich definitiv von meinem lieben Vater geerbt. Sabine, die Pastorin ist und mit uns befreundet, hielt neulich einen Kurs über das Enneagramm. Sehr spannend! Und wenn man es auch nicht so, wie Ralf es kommentierte, als »Schubladen für Menschen« sieht, dann ist es sicher eine Möglichkeit, seine eigenen Wesenszüge zu reflektieren.

Sabine schenkte mir ein Buch über das Enneagramm und ich studierte es sehr ausführlich. Ich nehme an, du hattest wie immer deine Hand im Spiel, um mich auf diese Methode aufmerksam zu machen. Ich konnte nach den sechs Kursabenden und vielen Gesprächen mit Ulrike, Manfred und Ralf etwas wohlwollender auf meine Schwächen schauen und besser verstehen und akzeptieren, wie ich manchmal auf meine Mitmenschen reagiere.

Dass ich immer alles auf mich beziehe, auch wenn es gar nicht an mich adressiert ist oder etwas fehlinterpretiere, ist jedenfalls eine Schwäche, die ich schon so lange ich denken kann »pflege«. Ich habe das zu mindestens erkannt. Abstellen konnte ich es bisher noch nicht.

Das ist wohl auch der Grund, warum ich jede noch so kleine Bemerkung hinsichtlich meines Aussehens, meines Essverhaltens, meiner

Laborwerte schlimmstmöglich auf mich oder den Verlauf meiner Erkrankung beziehe. Und wenn ein winziges Körnchen Verunsicherung mit mir in Berührung kommt, gedeiht es hervorragend im Beet meiner Angst. Ich muss wirklich sagen, das Gefühl der Angst hättest du aus meiner Sicht in deiner Schöpfung ruhig weglassen können, aber wahrscheinlich hat auch diese Emotion ihre Berechtigung.

Ich werde, wenn du mir die Zeit dafür lässt, versuchen, daran zu arbeiten, und vielleicht gelingt es mit deiner Hilfe, mir nicht jeden Schuh anzuziehen (und zu kaufen!)

Jeder zieht sich den Schuh an, der ihm passt

Wie wahr! Leider! Denn bei mir trifft dieser Sinnspruch doppelt zu. Einmal wörtlich – darum habe ich auch so viele Schuhe im Schrank – und einmal im übertragenen Sinn.

Ich fühle mich oft angesprochen, besonders, wenn es um kritische Äußerungen geht, selbst wenn ich gar nicht gemeint bin. Ralf sagt dann oft: »Zieh dir doch nicht schon wieder diesen Schuh an!« Naja, ich arbeite daran!

Für die »Schwäche«, dass mir tatsächlich jeder Schuh passt – im Wortsinn –, kann ich aber nichts! Egal, welchen Schuh ich anprobiere (natürlich in meiner Größe), er passt an meinen Fuß, als würde er dort hingehören.

Gestern war ich in einem Outdoor-Sportgeschäft, um eine Winterjacke für lange Hundespaziergänge und Wanderungen in Franken zu erstehen (es waren einige Schnäppchen-Angebote in einer Zeitungsbeilage angepriesen). Ich fand relativ zügig ein passendes Exemplar und ließ es an die Kasse bringen. »Nur mal so« ging ich in die Wander-Trekking-Outdoor-Schuh-Abteilung. Auch hier gab es auf verschiedenen Regalen einige günstige Angebote. Nun habe ich natürlich wirklich gute Wanderstiefel, die perfekt sitzen und auch noch sehr gut in

Schuss sind, aber der Winter naht, und Wander-Halbschuhe habe ich nicht! Und überhaupt wollte ich ja nur gucken ...

Neben mir auf der Anprobebank saß ein Mann in meinem Alter, der offensichtlich direkt von der Arbeit kam, denn er trug einen Business-Anzug und probierte ebenfalls Wanderstiefel aus dem Sonderangebot. Das erste Paar war ihm zu groß, und er stapfte zum Regal, um die nächstkleinere Größe herauszusuchen. Die war ihm dann aber zu klein. Eine Verkäuferin nahte, um ihn entsprechend zu beraten, und schlug ihm einen anderen Hersteller vor, der schmalere Modelle und Halbgrößen herstellt. Sie schleppte entsprechende Varianten heran.

Ich hatte mittlerweile ebenfalls zwei Modelle anprobiert und eines passte besser als das andere! Beide sehen gut aus. Und beide haben einen guten Preis. Mist! Schon geriet ich ins Wanken. Aber erstmal wurde ich von dem Drama neben mir abgelenkt ...

Der Anzugträger versuchte ein empfohlenes Paar und stellte fest, dass er, obwohl es die passende Größe war, kaum in den Schuh hineinkam. Die Verkäuferin erklärte ihm, dass das nicht sein könne und fummelte an den Schuhen herum. Der Entspanntheitsgrad des Herrn nahm sichtbar ab. Er stieg wieder aus dem Schuh. Die Verkäuferin lamentierte währenddessen, dass die Schuhe dieses Herstellers eigentlich perfekt seien! »Ja, möglicherweise, nur passen müssten sie«, resümierte mein Sitznachbar.

Plötzlich schrie die Verkäuferin auf und hielt die Einlegesohle der Wanderstiefel in ihrer Hand, während sie aus demselben Schuh eine zweite herauszog. »Aha! Ein Produktionsfehler! Die haben zwei Sohlen statt einer reingelegt«, jubilierte sie. »Na, dann probieren Sie doch nochmal«, forderte sie den leidlich genervten Herren auf. Der hatte mittlerweile aber seine Anzugschuhe wieder angezogen und schien sich für heute komplett gegen einen Wanderschuh entschieden zu haben, denn offensichtlich gab es keine Schuhe für seine Füße.

Mir hingegen passte ein schöner, dunkelblauer, mit pinken Nähten abgesetzter, himmlisch leichter und doch wasserfester Wanderhalbschuh zum Schnapperpreis – wieder mal. Und unweigerlich stellt sich mir die Frage, was schlimmer ist: Wenn einem kein Schuh passt oder wenn einem eben jeder Schuh passt?

Lehrerin

Hallo Gott,

jetzt sind es schon zwei Jahre, die du mir geschenkt hast. Und es geht mir gesundheitlich so gut, dass ich wieder fast alles in Angriff nehmen kann, was an mich herangetragen wird. Und diese Anfragen kommen von dir. So interpretiere ich das, damit ich weiß, welchen Weg ich gehen soll. Vielleicht ist das ein bisschen blauäugig, aber so kann ich verstehen, wohin mein Leben führt.

Die Anfrage von der Hochschule kam nicht überraschend. Frau D. und Dr. W. hatten während meiner Krankheitsphase immer den Kontakt gehalten und zwischendurch den größten Blumenstrauß geschickt, den ich je bekommen hatte. Ob ich wieder fit genug sei, meine Vorlesungen zu halten, fragten sie mich relativ bald. Personalmanagement, das war mein Thema. Auch im Krankenhaus hatte ich mit Begeisterung in diesem Fachbereich gearbeitet, denn dabei ging es um Menschen, und das war immer mein Anliegen.

Ich sagte ohne lange nachzudenken zu und erst, als ich den Telefonhörer auflegte, wurde mir klar, dass ich für die Fahrt nach Hamburg mit dem Zug und den jeweiligen Anwegen mindestens eineinhalb Stunden brauchen würde, plus vier bis acht Vorlesungsstunden. Hatte ich mich mal wieder maßlos überschätzt, Gott? Soooo gut ging es mir ja nun auch wieder nicht, und mit meinen Kreislauf hatte ich immer wieder Probleme …

Dann überlegte ich, dass ich nicht unbedingt mit dem Zug fahren müsste. Ich könnte ja auch das Auto nehmen, was die Fahrzeit zwar nicht verkürzen würde, aber allemal entspannter als der Fußweg und dann eine Fahrt mit Bahn und S-Bahn wäre. Wer einmal mit dem Auto in Hamburg unterwegs war, hätte mir sagen können, dass das keinesfalls entspannt ist ... Dieser Gedanke (von dir, Gott?) bestätigte mich jedenfalls darin, nicht an meiner Entscheidung, erneut als Dozentin an der Hochschule tätig zu werden, zu zweifeln. Und so fing ich nach fast zwei Jahren Pause wieder an.

Warum? Vielleicht, weil ich mich selbst gerne reden höre? Vielleicht, weil ich es gut kann? Weil du mir ein Talent dafür gegeben hast? Das machten mich die Rückmeldungen meiner Studenten jedenfalls glauben. So hatte ich zudem die Gelegenheit, weiterhin sehr nahe an dem zu sein, was ich glaubte, verloren zu haben: meinen Management-Job. Es gab und gibt immer wieder Tage, da fühlte und fühle ich mich nicht gebraucht, Gott. Ich trage nichts zum Bruttosozialprodukt des Landes bei und kann meine Kenntnisse, Fähigkeiten und Talente nicht nutzbringend einsetzen. Das macht mich in diesen Augenblicken traurig.

Wenn ich genau hinhöre, sagst du mir etwas anderes. Aber manchmal ist der Lärm des Alltags zu laut. Einer meiner Lieblingssongs von Simon and Garfunkel, »Sound of Silence«, erzählt genau davon. Und wann immer ich ihn im Auto höre, drehe ich ihn ganz laut (dann ist es natürlich mit »silence« vorbei) und singe laut und falsch mit.

Bei meinem Lehrauftrag habe ich jedenfalls das Gefühl, etwas weitergeben zu können, wenn ich es schon selbst nicht mehr umsetzen kann – und vielleicht sind Lehrer ja genauso wichtig wie diejenigen, die das Erlernte später nutzen ...

Lehre und Leere

Seit fast sechs Jahren habe ich einen Lehrauftrag an einer Hochschule. Mir macht das wahnsinnig viel Spaß, denn die Studenten sind fast alle sehr motiviert und engagiert. Die meisten von ihnen studieren berufsbegleitend und haben konkrete Ziele vor Augen. Der überwiegende Teil strebt eine Leitungsposition im Gesundheits- oder Sozialwesen an. Alle haben die Mehrfachbelastung von Beruf, Familie und Studium – Organisationstalent und Managementfähigkeiten sind also schon mal Grundvoraussetzungen. Meine Studenten haben meinen allergrößten Respekt, denn ich weiß aus eigener Erfahrung, wie schwierig es ist, alles »unter einen Hut« zu bringen.

In dem Fach, das ich unterrichte, müssen die Studenten als Prüfung statt einer Klausur eine Hausarbeit im Umfang von 15 bis 20 Seiten einreichen. Das sind sozusagen die Vorübungen zur Bachelor-Arbeit. Da es eine der ersten Hausarbeiten ist, die sie in ihrem Studium schreiben (die Studenten können sich weitgehend den Zeitplan selbst erstellen), hält sich die Begeisterung in Grenzen.

Viele der Studenten haben schon eine Idee, worüber sie schreiben wollen. Doch die Themen sind so allumfassend und groß, dass es stofflich für eine Dissertation reichen würde. Da ist es dann mein Job, das Thema zu »operationalisieren« – also auf einen realistischen Umfang einzuschmelzen.

Natürlich ist immer einer der ersten Fragen: Wie fange ich an? Die Frage beantworte ich grundsätzlich sehr knapp: Mit dem berühmten ersten Satz! Was soll ich auch sonst sagen? Kürzlich meinte eine Studentin, dass sich, sobald sie sich an den Schreibtisch setze, um zu beginnen, eine große Leere in ihren Kopf ausbreiten würde und sie daher eben nicht den ersten Satz schreiben könne.

Wenn ich an meine eigene Schul- und Studienzeit denke, dann habe ich auch eine Menge unnützes Wissen vermittelt bekommen. Die zu füllende Leere in meinem Kopf habe ich also mit Informationen gefüttert, die mich in meinem späteren Leben nicht wirklich weitergebracht haben. Aber zum Glück ist die Speicherkapazität der »Leere« im Kopf so unendlich groß, dass wir genügend Platz für alle möglichen Konzepte und auch für die wirklich wichtigen »Lehren« haben. Und die erteilt uns das Leben selbst und nicht eine noch so engagierte Dozentin vorne am Lehrpult.

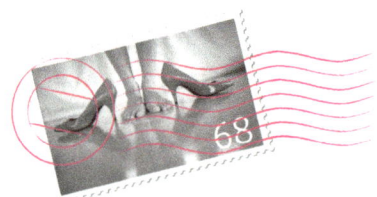

Maßstab

Ach Gott,

stöhne ich manchmal. Oft aus Frust, aus der Erkenntnis, dass ich etwas nicht verstehe, und manchmal auch aus Dankbarkeit. Der Wiedereinstieg als Dozentin war richtig, das fühlte ich gleich nach der ersten Vorlesung, und das Willkommen war großartig. Ich fuhr beseelt, glücklich und sehr dankbar nach Hause, nur um ein paar Kilometer weiter besagtes »Ach Gott« von mir zu geben.

Ja, ich hatte mich gut vorbereitet, die Studenten hatten super mitgearbeitet und ich hatte partizipiert, denn viele erzählten von ihren Erfahrungen und den neuesten Entwicklungen in der Gesundheits- und Sozialbranche.

Aber was, wenn ich nicht gut genug war? Ich habe den Anspruch, Werte und ethisch einwandfreie Verhaltensweisen weiterzugeben, die auch für das Management verbindlich sind. Und immer, wenn ich von Zweifeln geplagt bin (und das kommt, wie du weißt, gar nicht so selten vor), werde ich wütend. Auf mich und, offen gestanden, auch auf dich, Gott. Wütend macht mich nicht der Grund meines Zweifelns, sondern dass ich überhaupt zweifele. Das will ich gar nicht, denn es ist ein schreckliches Gefühl. Ich weiß doch, dass du immer bei und mit mir bist, egal, was passiert, und egal, wie ich bin. Das weiß ich. De facto habe ich also keinen Grund zu zweifeln – und trotzdem tue ich es.

Warum? Weil du es zulässt, dass ich zweifele? Ich bin manchmal so zerrissen – nicht wegen meiner Lebensumstände, sondern wegen des »Nicht-Wissens«. Meine Tätigkeit an der Hochschule trägt eher dazu bei, wissenschaftlich-analytisch an meinen Alltag heranzugehen. Aber Glaube? Glaube! Ich habe gerade wieder ein Buch von Pater Anselm Grün gelesen, wohl zum fünften oder sechsten Mal: »Jesus als Therapeut«. Sehr tröstlich, dass sich dein Sohn besonders den Zweiflern, den Unangepassten und den komplizierten Menschen liebevoll zuwendet. Ich denke, ich werde das Buch noch öfter lesen müssen, um zu verstehen und zu *glauben!*

Portfolio

Ein komisches Wort. Ich habe es in der letzten Zeit aber mehrfach gehört. Es wird überwiegend in der Wirtschaft und im technischen Bereich verwendet.

Gelegentlich nutzt man es auch bei der Auswahl von neuen Mitarbeitern – zum Beispiel, um zu beurteilen, ob der Bewerber mit seinen Fähigkeiten ins Team oder Unternehmen passt. Und genau das ist der Punkt: Wie werden unsere Fähigkeiten, Gaben und Talente bewertet? Und wichtiger noch: Wie bewerten wir sie selbst? Versuchen wir nicht immer, unser Bestes zu geben? Wir müssen uns doch ständig dem Wettbewerb stellen.

Manchmal sind wir ungnädig in der Beurteilung unserer Leistungen und von uns selbst. Habe ich alles richtig gemacht? Wo hätte ich etwas anders oder besser machen können? Und manchmal passen unsere Talente auch nicht ins Portfolio des Lebens ... glauben wir! Aber ist es nicht genau das, was das Leben und die Vielfalt darin so wunderbar macht? Müssen wir immer Mainstream sein?

Neulich unterhielt ich mich mit Malte über eine Bekannte, die sicher nicht »Mainstream« und deshalb »anders« ist. Mein fast 23 Jahre alter und sehr weiser Sohn sagte: »Sie ist wahrscheinlich echter als die meisten anderen Menschen.« Seine Analyse hat mich schwer beeindruckt. Ja, die junge Frau fällt aus dem Raster, das wir uns oft so einfach aufbauen. Und dennoch ist sie mehr sie selbst als viele andere, die Masken tragen, schauspielern und sich verstellen. Wie mutig! Dort, wo diese Frau sich eben nicht anpasst, ist sie doch die eigentliche Heldin!

Und wie sieht es nun mit unseren eigenen Fähigkeiten aus? Wir sind das Produkt unserer Herkunft, unserer Erziehung, unserer Werte und Normen und auch unserer Vergangenheit. Für vieles, was wir mitbekommen haben und uns geprägt hat, können wir nichts, und dennoch haben wir die Möglichkeit, Dinge und Verhaltensmuster zu verändern, wenn wir es wirklich wollen.

Ich denke, das ist in Ordnung – egal, ob wir uns dafür entscheiden, ins Portfolio des Lebens zu passen oder eben gerade nicht. Beides ist o.k., denn es ist unsere Wahl. Und manchmal kreiert das Leben aus dieser Wahl genau die richtige Strategie, um ein gutes, gelingendes Leben zu führen. Und nur das zählt.

Feste feiern

Guter Gott,

große Ereignisse werfen ihre Schatten voraus. Ralf wird fünfzig und meine Eltern haben Goldene Hochzeit.

Ralf ist der perfekte Gastgeber! Er bewirtet gerne Menschen und freut sich deshalb, wenn unsere Familien und Freunde da sind. Wir feierten seinen Geburtstag in zwei Etappen, weil es einfach zu viele Geladene waren. Unsere Familie ist groß und unser Freundeskreis ist – wie wunderbar – auch nicht klein. Beide Feste waren lustig, gemütlich und einfach toll!

Die Goldene Hochzeit hatte eine andere Qualität. Es sollte ein sehr viel feierlicheres Fest werden. Ich fing im März an, Vorbereitungen zu treffen, sprach mit meinen Eltern, was sie sich vorstellten, wie der Rahmen der Feier sein sollte und wie viele Gäste sie einladen möchten. Fest stand, dass sie einen Gottesdienst feiern wollten, um Danke zu sagen.

Schon da mussten wir alle heulen, Gott, war uns doch allen mehr als bewusst, dass es lange Zeit nicht so aussah, als würde ich dabei sein können. Und ich hatte mein nächstes großes Staging so geplant, dass es zwei Wochen nach der Feier lag. Wenn es schlechte Nachrichten gab, wollte ich sie keinesfalls vor der Feier wissen und damit alles torpedieren! Als ob ich dich überlisten könnte, Gott ... Naja, es hat trotzdem irgendwie funktioniert und ich konnte die Feier in guter Verfassung mitfeiern.

Da mir der Gottesdienst meiner Eltern besonders am Herzen lag, wollte ich etwas Besonderes für die Kirche organisieren: Ich nahm Kontakt zu dem Pastor auf, vereinbarte eine Richtung für die Predigt, Malte würde ein Gebet von Antoine de Saint-Exupéry und Ralf, Malte und ich würden selbstgeschriebene Fürbitten lesen.

Auch mir war der Gottesdienst sehr wichtig. Und ich fand eine wirklich gute Sängerin, die drei Lieder intonieren würde: Meine Mutter hatte mal vom »Ave Maria« gesprochen, dann sollte es ein Segenslied geben und zum Schluss den Song »Halleluja« von Leonhard Cohen. Die Sängerin schickte mir einen Youtube-Link und ich musste schon wieder heulen. Ich war begeistert und buchte sie für die Kirche.

Der gesamte Gottesdienst war unfassbar berührend. Und wir hatten ausdrücklich vereinbart, auch mit den Freunden meiner Eltern, die einiges vorbereitet hatten, dass keinesfalls geheult würde. Als die Sängerin loslegte, flossen Tränen in Strömen. Ihre wunderschöne Stimme füllte den gesamten Kirchenraum.

Und, Gott, ich war so dankbar, dass meine Eltern ein so gutes, glückliches, gemeinsames Leben führen konnten, und wünschte mir, dass es noch viele, viele Jahre so bleiben würde. Und dass ich mit Ralf eine ähnlich lange Zeit schaffen würde.

Später gab es dann viel zu lachen und es war ein wundervoller Tag im Kreis von Familie und lieben Freunden. Und, Gott: DANKE! Das hast du wirklich richtig gut gemacht!

Fünfzig

Dieses Jahr ist das Jahr des »halben Jahrhunderts« in unserer Familie: ein Geburtstag und eine Goldene Hochzeit. Das klingt nach viel Zeit – ist es ja auch. Oder ist es doch nur ein Wimpernschlag, gemessen an den vielen Entwicklungen und Begebenheiten, die sich auf unserer Erde, in unserem Universum abgespielt haben und noch abspielen werden?

Nehmen wir unseren begrenzten Horizont als Maßstab, erscheinen fünfzig Jahre je nach Blickwinkel als eine sehr lange Zeit – wenn man sie vor sich hat. Aber rückblickend? Was passt alles in diese Lebenszeit hinein?

Zur Feier des besagten Anlasses traf sich der ganze Freundeskreis. Das an sich ist schon mal nicht selbstverständlich, denn für manche endet das Leben eben schon eher. Die Freunde waren sich dessen sehr bewusst, denn es wurde mehrfach erwähnt. Es gab ein großes Hallo. Und es wurde gegessen, getrunken und viel gelacht. Zu fortgeschrittener Stunde kam es dem Anlass gemäß zu dem immer wieder schönen: Weißt du noch …?!

Es wurden diverse Geschichten und Anekdoten zum Besten gegeben, und jeder hatte etwas beizutragen. Manchmal variierte die Erinnerung ein bisschen, aber alles in allem war es ein Rückblick auf eine gemeinsam erlebte Vergangenheit. Wie schön! Ich konnte mich an einige Geschichten erinnern, obwohl ich noch ein Kind war, als sie sich ereigneten. Einige andere kannte ich nicht und war überrascht, was sich von mir unbemerkt abgespielt hatte oder was ich einfach vergessen hatte.

Aber so ist es wohl oft. Manches aus unserer Vergangenheit verschwindet im Nebel des Vergessens oder wird eben einfach unterschiedlich wahrgenommen. Bei einer Geschichte beispielsweise waren sich die Freunde so gar nicht einig darüber, wer im Vorgarten einer Nachbarin Schabernack getrieben hatte. Und es entbrannte unter viel Gelächter eine heftige Diskussion. Es konnte im Endeffekt nicht aufgeklärt werden, wer der »Haupttäter« war. Es spielt auch nicht wirklich eine Rolle, denn es ist kein Schaden entstanden. Fakt ist, dass diese gemeinsam erlebte Geschichte lustig und verbindend war und dass sie nach fast fünfzig Jahren immer noch für viel Spaß und Zusammengehörigkeitsgefühl sorgte.

Es war ein großartiger Abend – voller Freude und Freundschaft. Wenn das kein Anlass ist, ein halbes Jahrhundert zu feiern – so, wie wir eigentlich jeden Tag feiern sollten!

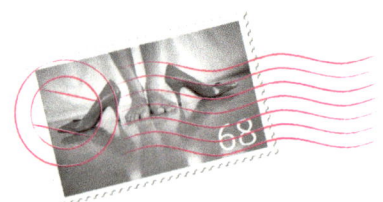

Spiel des Lebens

Hallo Gott,

vor ein paar Tagen war dann das Staging – weiterhin Remission! Kein neues Wachstum nachweisbar! Du, Gott, kennst meine Erleichterung, die nach diesen anstrengenden Untersuchungen von mir Besitz ergreift wie eine Welle, die einen liebevoll umspült. Es ist, als würde sich wieder eine neue Tür öffnen – hinein ins Leben.

Die Feiern klangen in mir immer noch nach und das Gefühl von Dankbarkeit umfloss mich weiterhin. Ein schönes Gefühl! Dann kehrte Alltag ein, was ich sehr genoss, denn genau das hatte ich so vielfach bei dir erbetet, von dir erfleht, erhofft. Ganz normaler Alltag! Wunderbar! Und du hast ihn mir geschenkt! Danke!

Zu einer liebgewonnenen Alltagsroutine ist ein monatlich wiederkehrender Termin mit unseren Freunden geworden: Astrid und Thomas, Sabine und Friedhelm, Manfred und Ulrike, Ralf und ich. Ulrike und ich telefonieren fast jeden Tag. Und die Männer sehen sich unter anderem in der Kirchenvorstandsarbeit. Manchmal schreibt Manfred einen Gastbeitrag in meinem Blog. Es gibt einfach sehr viele Überschneidungen im Tun und viele gemeinsame Interessensgebiete.

Spieleabend – so nennen wir es. Aber es ist weit mehr. Denn es sind unsere engsten Freunde, die sich dann versammeln, und ich denke, wir wissen alles voneinander – naja, fast jedenfalls. Wir kennen uns zum Teil schon lange und haben verschiedene Lebensphasen zusammen durchgemacht: Schulwechsel der Kinder, Konfirmation, Silberhochzeit, Auszug der Kinder, verschiedene Krankheiten, Geburtstage und auch den Alltag mit Freunden, wenn man sich zum Beispiel zufällig in der Stadt trifft und spontan einen Kaffee zusammen trinkt. Es gibt einfach immer etwas zu quatschen. Oft sind es Alltagsdinge, über die wir reden, aber manchmal auch tiefer gehende Gespräche. Es fühlt sich warm und vertraut an. Freundschaft ist ein weiteres tolles Geschenk von dir, Gott. Und du hast mich und uns reichlich damit bedacht.

Ich bin froh, dass wir einen festen Termin für unseren Freundeskreis haben. Freundschaften muss man pflegen. Wir haben schon oft darüber gesprochen (und gelacht), dass wir zusammen alt werden wollen und dann vielleicht eine Senioren-WG gründen werden. Wer weiß! Ich hoffe jedenfalls, dass du mich mit meinen Spiele-Freunden sehr alt werden lässt. Und vielleicht können wir später bei dir dann unsere begonnenen Spiele in »himmlischer Atmosphäre« fortsetzen.

Mensch-ärgere-dich-nicht

Was für eine Lebensphilosophie, aber nicht nur! Seit über drei Jahren haben wir mit drei befreundeten Paaren eine Spielerunde. Einmal im Monat (jeden dritten Donnerstag) treffen wir uns abwechselnd bei einem von uns. Wir spielen meistens, aber manchmal verquatschen wir uns auch. Oder wir schauen einen besonderen Film oder gehen zu einer Vorstellung.

Die Idee entstand, weil wir feststellten, dass dieser Freundeskreis aller Voraussicht nach bis an unser Lebensende bestehen wird. Alle sind beruflich, sozial und familiär fest verwurzelt an dem Ort, in dem wir leben, und in unserem Alter (plus/minus fünfzig Jahre) wird wahrscheinlich auch keiner mehr einen riesigen beruflichen Umbruch wagen. Das bedeutet, dass wir zusammen alt werden. Und das wollten wir zelebrieren.

Letzte Woche waren wir dann bei uns zu Hause. Ich überlegte, was wir diesmal spielen könnten. Als ich klein war, spielten meine Großeltern unentwegt mit mir, meistens das, was ich wollte. Und als mein Sohn klein war, spielten wir ebenfalls sehr viel. Brettspiele, aber auch mal Kartenspiele. Zu Weihnachten gab es oft ein neues Spiel, was dann natürlich gleich ausprobiert werden musste. So wurden viele Weihnachtsfeste zu Spielefesten.

Mit meinen Großeltern spielte ich am allerliebsten »Mensch-ärgere-dich-nicht«. Sie ließen mich manchmal gewinnen (indem sie einfach »übersahen«, dass sie mich hätten rausschmeißen können), aber nicht immer. Ich sollte wohl lernen, dass auch das Verlieren zum Leben dazugehört, dass Verlieren mit Würde, Respekt und Großmut für den Sieger eben zu respektieren ist. Für diese Lehre bin ich ihnen noch heute dankbar. Jedenfalls spielten wir an diesem Abend mit unseren Freunden »Mensch-ärgere-dich-nicht«, was einer gewissen Planung bedurfte. Denn üblicherweise ist dieses Brettspiel für vier Personen gedacht. In manchen Spieleboxen gibt es ein Brett für sechs Spieler – wir waren aber zu acht! Ich fand im Internet eine Vorlage für acht Personen und bastelte daraus einen Spielplan.

Wir waren dann aber doch nur sechs Freunde, da ein Paar kurzfristig absagen musste. Alle waren sofort einverstanden mit dem Vorschlag und wir würfelten um die Wette. Wir lachten Tränen und hatten die Zeit total vergessen. Niemand ärgerte sich, und es ging auch nicht ums Gewinnen. Wir hatten gemeinsam einfach einen tollen Abend und ich nahm dieses schöne Gefühl mit in die nächste Woche.

Ein paar Tage später erhielt ich eine Antwortmail, auf die ich bereits gewartet hatte. Und diese Antwort fiel nun so gar nicht aus, wie ich es mir erhofft hatte. Ich war enttäuscht, zornig und frustriert. Erst überlegte ich, eine gepfefferte Mail zurückzuschreiben, beließ es dann aber dabei, die Nachricht voller Ärger in das Fach »Papierkorb« zu verschieben.

Danach fühlte ich mich besser, denn schließlich hatte ich schon früh gelernt, dass man eben nicht immer gewinnen kann. Ich erinnerte mich an unseren schönen Spieleabend und dachte: »Corinna, ärgere dich nicht!«

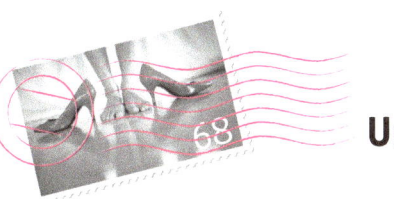

Urteile

Hallo Gott,

du bist weise und gerecht. Ich nicht! Ich bin ein Mensch, und ich bin sehr schnell mit meinen (Vor-)Urteilen. Kaum habe ich einen Menschen gesehen oder eine Situation erfasst, habe ich auch schon eine Meinung dazu und äußere sie womöglich auch, statt lieber einfach still zu sein. Denn manchmal ist meine Einschätzung einfach falsch. Dabei hoffe ich selbst für mich immer auf eine gnädige und barmherzige Beurteilung durch meine Mitmenschen. Dass du mit mir gnädig und barmherzig bist, weiß ich. Ich hingegen bin so oft ungnädig, besonders, wenn ich angespannt und ängstlich bin: bei Untersuchungsterminen, in Wartezimmern, an der Kasse im Supermarkt und wenn ich auf eine Nachricht warte.

Geduld gehört ebenfalls nicht zu meinen Stärken. Bei mir muss alles sofort und am besten noch vorgestern erledigt werden. Das führt gelegentlich zu Diskussionen mit meinem Sonnenschein Malte. Denn der hat ein völlig anderes Zeitmanagement als ich. Er ist immer sehr tiefenentspannt, wenn es um terminsensible Dinge geht. Erstaunlicherweise klappt bei Malte immer alles – oft auf den letzten Drücker und mit Nachtschichten – aber immerhin. Naja, vielleicht ist es auch die Gelassenheit der Jugend. Noch so ein Vorurteil. Natürlich ist die heutige Jugend nicht schlecht. Im Gegenteil! Die meisten jungen Leute, die ich kenne, sind wundervoll und auf ihre Weise einzigartig. Genauso wie meine Nachbarn mit Migrationshintergrund, Menschen mit Behinderungen, Alte und Demente, Asylbewerber und Obdachlose.

Alle haben ihre Geschichte. Aber manchmal, Gott, bin ich egoistisch. Dann interessieren mich nur mein eigenes Leid und meine Angst. Da sind andere Schicksale sehr weit weg.

Bei einem Untersuchungstermin (ich weiß gar nicht mehr, der wievielte es war) fand die Radiologin ein »komisches Ding« – so sagte sie! – an meiner Niere. Auf meine Frage, was genau sie damit meinte, sagte sie: »Naja, es wird wohl nur eine Zyste sein, aber bei Ihrer Diagnose weiß man ja nie so genau ... Aber machen Sie sich keine Sorgen, alles wird gut!« Ich wäre fast vom Stuhl gefallen! Einmal, weil sich wieder eiskalte Angst in mir ausbreitete, und andererseits, weil ich zornig war über diese unsägliche Ansage. Denn mit einer solchen Diagnose wird eben nicht unbedingt »alles gut«, wie die Ärztin sehr wohl wusste! Ein paar Sekunden später wurde die Tür aufgerissen und der Chefarzt platzte ins Zimmer und schnauzte die Ärztin, die offenbar einen wichtigen Termin vergessen hatte, recht unwirsch an. Unabhängig davon, dass diese Unterbrechung unserer Besprechung der nächste Aufreger war, muss ich gestehen, dass ich richtig schadenfroh war, dass die Ärztin einen »Elfmeter« bekam. Ich hatte natürlich von den Hintergründen keine Ahnung, aber ich fand, in diesem Moment hatte sie es mehr als verdient.

Im Nachhinein klärte sich die Situation auf. Eine nette Onkologin telefonierte noch einmal wegen des »komischen Dings« an meiner Niere nach und ein anderer Radiologe (vielleicht der schnauzende Chefarzt) sagte, dass es eindeutig eine harmlose Zyste sei. Meine Erleichterung war riesengroß, Gott, und ich schämte mich schon wieder wegen meiner Schadenfreude.

Ich muss oft an diese Ärztin denken (mittlerweile hat sie den Arbeitgeber gewechselt). Und an mein (Vor-)Urteil über sie. Warum sind wir Menschen so, Gott? Ja, du hast uns die Freiheit geschenkt, selbst zu entscheiden und uns eine Meinung zu bilden. Aber es wäre doch wirklich ein bisschen netter auf dieser Welt, wenn wir nicht so vorschnell urteilen würden ...

Vorurteil

Großeinkauf fürs Wochenende. Da bietet sich natürlich ein Discounter an – gut und günstig!? Offen gestanden kaufe ich dort nicht so gerne ein, da es mir oft zu »kramig« ist und einige dieser Art von Geschäften mit etwas merkwürdigen Geschäftsgebaren, Arbeitsverträgen und Beteiligungen in Verbindung gebracht werden. Aber das mag ein Vorurteil von mir sein, denn eigentlich weiß ich es nicht genau.

Ich laufe also möglichst zügig und strukturiert durch die Gänge und halte mich genau an meinen ausnahmsweise mal nicht vergessenen Einkaufszettel. Auch an den Aktionstischen lege ich keinen Zwischenstopp ein, denn dort ist tatsächlich alles durcheinander geworfen, aufgerissene Packungen liegen zwischen der Ware.

Als ich an der Kasse ankomme, sind sogar zwei geöffnet und nur ein Einkäufer ist mit relativ wenig Ware vor mir dran. Prima! Das bedeutet: keine lange Wartezeit. Als ich dran bin, gibt es eine Pausenablösung, und eine ältere, recht grimmig dreinschauende Kassiererin lässt sich auf den wahrscheinlich ziemlich unbequemen Stuhl fallen. Ordnungsgemäß halte ich ihr meinen weit geöffneten Einkaufskorb hin, damit sie sehen kann, dass ich nichts zu stehlen beabsichtige. Gleichzeitig grüße ich freundlich-fröhlich. Sie würdigt mich und die Einkaufstasche keines Blickes und grüßt auch nicht. Ich gehe durch und halte ihr nochmal den Einkaufskorb hin. »Hab ich gesehen!«, blafft sie mich an. Ich wage das zu bezweifeln, sage aber lieber nichts. Hastig räume ich mein Zeug ein, um ihren offensichtlichen Ärger nicht noch zu vergrößern.

Während ich mit Karte bezahle, wendet sie sich einem Mann zu, der hinter mir in der Schlange steht. Er ist offensichtlich südosteuropäischer oder arabischer Herkunft. »Du kannst mir den Pfandzettel schon geben«, befiehlt die Dame an der Kasse im Kasernenhofton. Irritiert blicke ich den Mann an und stelle fest, dass er definitiv kein

Kind oder Teenager mehr ist, sondern etwa dreißig Jahre alt. Ich runzele deutlich sichtbar die Stirn und schüttele den Kopf. Dem Mann hinter mir ist diese Unverschämtheit auch aufgefallen, er grinst aber nur in meine Richtung und zuckt die Schultern.

Ich bin glücklich der Kassiererin entronnen und gerade zwei Schritte von der Kasse weg, als es hinter mir klirrt. Der Mann hat beim Einpacken eine Flasche herunter gestoßen.

Die Furie an der Kasse springt auf und schreit: »Maaaaann – is' ja toll! Pass doch auf!« Der Herr entschuldigt sich sofort und bemüht sich, den Schaden zu beheben. Mir reicht es. Ich gehe die zwei Schritte zurück und schnauze die Kassiererin jetzt ebenfalls an, dass er das ja wohl nicht mit Absicht gemacht hat. Der Blick, den sie mir im Weggehen wortlos zuwirft, zerfetzt mich in der Luft. Ich mache eine etwas unhöfliche Geste in ihre Richtung und schaue den Mann entschuldigend an. Er zuckt abermals die Schultern und sagt ziemlich frustriert »Danke« in meine Richtung.

Fazit: Offensichtlich hatte die Kassiererin Vorurteile. Und ich jetzt auch – gegenüber der Kassiererin. Ich weiß natürlich nicht, warum sie so schlecht gelaunt war und was sie für Erfahrungen gemacht hat. Beim nächsten Einkauf werde ich trotzdem versuchen freundlich zu ihr zu sein, in der Hoffnung, dass sie auch freundlich zu Menschen anderer Kulturen ist.

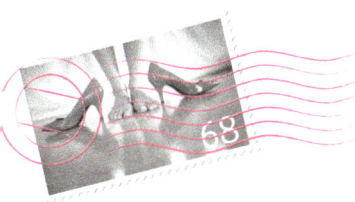

Gedankengänge

Guter Gott,

mir geht es – dank dir – gut. Richtig gut! Kürzlich habe ich es wieder laut ausgesprochen und seither noch öfter. Immer, wenn mich jetzt jemand wohlmeinend fragt, wie es mir geht, sage ich: »Gut! Klingt komisch, aber ich habe die beste Zeit meines Lebens.« Und das stimmt. Das kann ich mittlerweile aus vollem Herzen sagen. Die Trauer um den Verlust meines Jobs ist verarbeitet, ich bin gesundheitlich in einer Remission, meine Familie ist wunderbar, ich habe tolle Freunde, ich reise viel, ich schreibe viel – kurz: Ich tue Dinge, die ich in meinem früheren Leben nicht so ausgeprägt hätte tun können. Aus Zeitmangel, aus Bequemlichkeit oder einfach, weil ich nicht wusste, was alles möglich ist. Würde ich jetzt auch sagen, dass ich der erneuten Krebserkrankung dankbar bin? Nein, keinesfalls. Ich hätte gerne darauf verzichtet. Nicht aber auf die Erkenntnisse, die ich gewonnen, die Entwicklungen, die ich durchgemacht, und die Geschenke (ideelle, nicht materielle!), die ich bekommen habe. Ich wäre wohl ohne diese Geschichte nicht der Mensch, der ich jetzt bin.

Wir sind immer das »Produkt« unserer Vergangenheit. Mit all den Erfahrungen, die wir im Lauf unserer Lebenszeit so machen. Ich bin mittlerweile fast 50 Jahre alt. Das ist auf jeden Fall zu jung, um zu sterben, finde ich. Andererseits ist es aber auch eine ganz schön lange Zeit. Ich durfte sie, umgeben von Menschen, die mich lieben, erleben. Was hätte mir Besseres passieren können?

Ich lebe in wirtschaftlich sicheren Verhältnissen, in einem seit Jahrzehnten friedlichen Land, mit mehr Dingen, die ich kaufen könnte, als ich je brauchen werde, mit exzellenter medizinischer Versorgung (na gut, wenn man von den langen Wartezeiten in schrecklichen Wartezimmern mal absieht. Aber das Gefühl liegt wohl darin begründet, dass ich mich überproportional häufig dort aufhalte).

Tja, Gott – ohne dich, das Medikament, die Liebe meiner Familie und Freunde, die mich umgibt, wäre ich wohl schon seit geraumer Zeit tot, oder? Ich glaube, dass mir all das sehr geholfen hat. Aber nur, weil du es hast wirken lassen!

Zurzeit brauchen viele Menschen medizinische Hilfe und die Möglichkeiten, daran zu kommen, sind aus meiner Sicht sehr ungerecht verteilt. Die Pharmakonzerne verdienen Geld mit teuren Medikamenten, und die kann sich nicht jeder leisten. Je mehr ich darüber nachdenke, desto wütender macht mich das. Was kann ich tun? Vieles übersteigt meine Kräfte und auch meine finanziellen Möglichkeiten und ich würde gerne mehr humanitäre Hilfe leisten. Dennoch sitze ich hier in meiner »Wohlstandshöhle« wie eine Made im Speck. Dafür schäme ich mich manchmal. Es wäre echt prima, Gott, wenn du mir einen Weg zeigen könntest, wie ich meine wiedererstarkten Kräfte bündeln und nutzbringend einsetzen könnte. Ich höre?!?

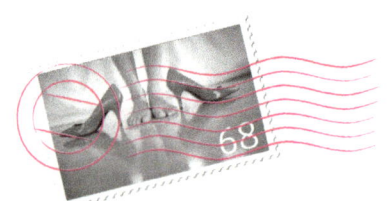

Lachen

Wie ist das, Gott,

lachst du manchmal oder ist das eine zu menschliche Eigenschaft? Wir sprachen schon in Bezug auf den lachenden Engel in Bamberg darüber. Mir gefällt die Vorstellung jedenfalls. Aber ob es so ist oder nicht (ich werde es sehen, wenn wir uns treffen) – du hast uns Menschen diese Fähigkeit geschenkt. Wenn ich es richtig weiß, können nur Menschen lachen und Humor begreifen (obwohl ich manchmal denke, dass unser Hund auch Humor hat …).

Mit dem Lachen ist – beziehungsweise war – das ja so eine Sache, wie wir spätestens nach dem Film »Der Name der Rose« wissen. Es wurde in frühen Zeiten oft als nicht »gottgefällig« verdammt. Ich will und kann das nicht glauben. Wann immer Menschen meinen zu wissen, was dein Wille ist, liegen sie in den allermeisten Fällen daneben. Jedenfalls denke ich das von mir.

Ich lache gerne und viel, manchmal ohne Grund, aus Albernheit oder aus purer Freude. Besonders gerne und viel lache ich mit Freundinnen. Ulrike und ich haben regelmäßig Lachanfälle und kriegen uns oft gar nicht mehr ein, was uns schon einige irritierte Blicke eingebracht hat, besonders von unseren Männern. Gelingt es dann doch, uns zu beruhigen, genügt ein Blick und schon prusten wir wieder los. Herrlich!

Jeden Tag schenkst du mir viele Gelegenheiten zum Lachen. An manchen Tagen übersehe ich diese leider. Oder ich habe das Gefühl, dass es einfach nichts zu lachen gibt. Doch wenn ich genauer darüber nachdenke, habe ich sogar während meiner Krankenhausaufenthalte gelacht.

Nun wissen wir auch spätestens seit Dr. Eckhart von Hirschhausen, dass Lachen gesund ist – also im Wortsinn! Es werden seit vielen Jahren Klinik-Clowns insbesondere auf Kinderstationen in der Onkologie, aber auch für Erwachsene und Senioren eingesetzt. Und es gibt Lachkurse und sogar Lach-Yoga. Naja, meins wäre das nicht. Ich habe dafür meine Freundinnen Ulrike und Barbara. Aber egal, was und wer uns zum Lachen bringt: Es ist ein schönes Gefühl, es kitzelt wunderbar im Bauch, verbindet Menschen, ist eine international verständliche Sprache und macht auch noch glücklich. Perfekt! Und wenn ich richtig hinschaue, Gott, sehe ich auch die Dinge, über die ich mich ausschütteln kann vor Lachen. Danke dafür!

Leergut

Es gibt Tage, da sollte man/frau einfach im Bett bleiben. Heute war so ein Tag. Er begann mit verschlafen. Das war eigentlich nicht ganz so schlimm, denn ich hatte noch genügend Zeitpuffer eingerechnet. Das Lästige beim Verschlafen ist allerdings, dass man erstens seine gewohnte Morgenroutine etwas schneller durchführen muss und man zweitens auf ein »Getümmel« im Bad stößt, da auch andere Menschen Termine haben.

Um diesem Getümmel zu entgehen, griff ich mir meine Box mit diversen Schminkutensilien und verzog mich ins Gästebad. In dieser Box befinden sich annähernd vierzig Stifte: Lippenkonturstifte, Kajalstifte in verschiedenen Farben, Augenbrauenstifte, Eyeliner, verschiedene Bürstchen, Pinsel und was »Frau« eben so braucht.

Da der Platz im Gäste-WC begrenzt ist, stellte ich die Stiftebox auf der Ablage oberhalb des WCs ab. Wie sich herausstellte, jedoch nicht ganz sachgerecht. Denn noch in der Drehung zum Spiegel hörte ich Gepolter, und die Box stürzte von der Ablage. Nun hatte wohl jemand – die »Spurensicherung« konnte leider nicht mehr ermitteln, wer – den WC-Deckel offen gelassen. Ein Unding, finde ich! Das hatte natürlich zur Folge, dass meine vollständige Sammlung von Stiften klimpernd im wahrsten Sinne des Wortes in der Senkgrube verschwand. Nicht ein Teil blieb verschont, und ich sah den Stiften völlig hilflos beim Ertrinken zu.

Sie versanken nicht komplett, dafür waren es einfach zu viele. Und mir war sehr schnell klar, dass es keine Rettung gab. Ich unterdrückte gerade noch rechtzeitig den Impuls, einfach auf die Spülung zu drücken. Es war offensichtlich – die Wasserleichen mussten geborgen werden. Also griff ich beherzt zu. Selbstverständlich habe ich eine große Auswahl an wasserdichten Einmal-Handschuhen. Die triefenden Opfer landeten auf dem direkten Weg in der Tonne – und ich auf dem Sofa, wo ich mich vor Lachen ausschütteln musste.

Der nächste Weg führte mich – wie kann es anders sein – zum hiesigen Drogeriemarkt meines Vertrauens. Die gähnende Leere meiner Stiftebox musste auf jeden Fall wieder befüllt werden. Leider wusste ich, bedingt durch die Vielzahl der Farben, die sich im Lauf der Zeit angesammelt hatten (ich wollte die Box schon immer mal aufräumen ...) gar nicht mehr, welche Stifte jetzt eigentlich ersetzt werden mussten.

So verließ ich besagten Drogeriemarkt mit der überschaubaren Menge von neun neuen Stiften, einem Bürstchen, einem Lidschattenpinsel und einem etwas größerem Rouge-Pinsel. Sie alle zogen in die grundgereinigte blaue Stiftebox ein.

Was lernen wir daraus? Ich befürchte: GAR NICHTS! Denn binnen kürzester Zeit wird die Anzahl der Stifte rasant ansteigen, und mit absoluter Sicherheit werde ich mal wieder verschlafen und irgendjemand wird auch ganz sicher wieder den WC-Deckel offen lassen.

Einbruch

Ach Gott,

das war jetzt wirklich nicht auch noch nötig! Zu lachen gab es nach der Nachricht definitiv nichts. In unser Haus wurde eingebrochen. Wir waren zum Glück nicht zu Hause und außer Sach- und Materialschaden gab es nichts zu beklagen. Wir hatten also Glück. Du, Gott, hast uns vor körperlichem Schaden und Gefahr bewahrt.

Und trotzdem weinte ich bitterliche Tränen vor Zorn und Frustration. Irgendjemand war in UNSER Haus eingedrungen und hatte sich an UNSEREN Sachen vergriffen und alles angefasst! Ich bezog die Betten neu, tauschte alle Handtücher und überschüttete Türklinken, Oberflächen und eigentlich alles mit Desinfektionsmittel. Ich weiß, Gott, das war eine Übersprungsreaktion. Aber ich konnte den Gedanken nicht ertragen, dass jemand ungebeten meine Sachen angefasst und durcheinandergebracht hatte.

Und es sah wirklich wüst aus! Das Arbeitszimmer war komplett durchwühlt, mein Laptop weg, nur das traurige Ladekabel hatten sie dagelassen, das Badezimmer beziehungsweise die Schränke waren nach Schmuck durchsucht worden, ebenso das Schlafzimmer. Die Polizei nahm den Einbruch auf und fand auch Spuren im Garten, machte uns aber wenig Hoffnung, etwas zurückzubekommen. Versicherungsfall!

Wegen der gestohlenen Sachen war ich auch nicht wütend, Gott. Das ist alles ersetzbar, obwohl einige Schmuckstücke zwar nicht wahnsinnig wertvoll, aber Erinnerungsstücke waren. Ich kann nicht verstehen, Gott, dass Menschen mutwillig so etwas tun. Ich weiß, viele sind noch zu viel schlimmeren Dingen fähig. Dennoch traf mich diese Erkenntnis mit einer ziemlichen Wucht.

Hinterher hatte ich natürlich jede Menge »Trödel«: putzen, aufräumen, Versicherung kontaktieren, Liste erstellen mit Dingen, die gestohlen wurden, und deren mutmaßlichen Wert angeben und so weiter. Und ich brauchte unbedingt einen neuen Laptop. Der gestohlene war schon fast fünf Jahre alt, kürzlich hatte ich erst die Festplatte tauschen lassen (sonst hätte ich natürlich keine Sicherungskopien meiner vielen Schreibereien gehabt) und eigentlich hatte er sowieso schon Macken. Wenn ich ehrlich bin, Gott, fehlte mir mein Arbeitsmittel sehr. Denn Schreiben ist meine Art, Erlebtes zu verarbeiten. Naja, das weißt du natürlich, darum ja auch die vielen Briefe an dich.

Download

Beim Einbruch in unser Haus wurde mein heißgeliebter »Läppi« gestohlen. Er ist ein wichtiges Arbeitsmittel, und der Verlust ist mehr als ärgerlich! Selbstverständlich habe ich Sicherungskopien! Allerdings auch nur, weil ich zufällig vor ein paar Monaten die Festplatte austauschen musste. Es ist wie im wahren Leben: Man kann nicht alles sichern. Das zeigt schon der Einbruch.

Also brauchte ich relativ kurzfristig einen neuen Laptop. Ich fuhr zu einschlägigen, großen Elektronikmärkten und ließ mich beraten. Und ich befragte Ralf und Bekannte, die sich mit solchen Dingen auskennen. Ich tue das nämlich nicht. Ich möchte einfach wie beim Autofahren den Schlüssel umdrehen und losfahren, also in diesem Fall losschreiben.

Nun halte ich mich nicht für vollkommen dusselig, aber im Elektronikmarkt hätte man auch ebenso gut Chinesisch mit mir sprechen können. Es wäre dasselbe bei mir angekommen – nämlich nichts. Was sind RAM, Giga- und Terabyte, Grafikkarten und 4-Kern-Prozessoren? Habe ich alles schon mal gehört, aber das ist nicht meine Sprache. Ich bin schon überfordert mit der Auswahl der Bildschirmgröße.

Ich schildere dem netten und sehr hilfsbereiten Technik-Menschen in der Filiale, was ich will, nämlich einen »Läppi« zum Schreiben! »Aha, ich dachte mir schon, dass Sie kein Gamer sind«, sagte er und lachte. »Dann brauchen Sie auch keinen schnellen Prozessor und keine große Grafikkarte, dafür aber das Office-Paket.« Jetzt ist es an mir »Aha« zu sagen. Ich zeige auf den angebotenen Laptop und frage: »Gibt's den auch in rot?« Malte wäre im Erdboden versunken, wäre er dabei gewesen. Der nette Herr sieht auch etwas irritiert aus, schüttelt nur den Kopf und rennt zum abschließbaren Glaskasten mit der benötigten Software.

Ich handele noch eine grüne Tasche heraus (rot gab es nicht) und verlasse als stolze Besitzerin eines neuen, sehr schicken Laptops den Laden. Zu Hause mache ich mich voller Eifer daran, das Ding in Betrieb zu nehmen. Es gelingt mir, Windows 8 zu starten und den W-LAN-Zugang zu aktivieren. Hurra! Ich kann wieder ins Internet! Gedanklich klopfe ich mir auf die Schulter und belobige mich zu meinen überragenden technischen Fähigkeiten. Voller Enthusiasmus gebe ich dann den 24-stelligen Code für Office ein und folge genau den auch für Dummies wie mich leicht zu verstehenden Anweisungen. Und tatsächlich – der

Download-Balken bewegt sich! 8 %, 15 %, 37 %, 42 %, 55 % ... Erleichtert wende ich mich ab und koche mir erst einmal einen Tee. Das Ding macht ja von alleine, was es soll. Nach ein paar Minuten ist der Balken schon bei 88 %. Toll! Gleich fertig und ich kann endlich wieder losschreiben.

88 %, das steht auch nach einer weiteren halben Stunde da. Der Balken hat sich keinen Millimeter vergrößert! Was jetzt? Ich lese unter »häufig gestellte Fragen« auf der entsprechenden Internetseite nach, dass es je nach Internetleistung unterschiedlich lange dauern kann. Na, das ist ja mal eine konkrete Antwort. Entnervt klicke ich zurück, nur um festzustellen, dass der blöde Balken immer noch bei 88 % steht. Da ich weiß, dass es überhaupt nichts bringt, wild herumzuklicken, wenn man so wie ich keine Ahnung hat, analysiere ich messerscharf nach weiteren 1,5 Stunden, in denen der Balken konsequent bei 88 % stehen geblieben ist, dass sich das Ding wahrscheinlich »aufgehängt« hat.

Das ist gut, denn gedanklich habe ich diverse Gewaltfantasien, was ich mit dem Laptop machen könnte ... Aus dem Fenster werfen, zerhacken oder vierteilen ist noch das Harmloseste. Und mit »aufhängen« kommt das Ding da noch ganz gut weg!

Ich gebe mich geschlagen und trage am nächsten Morgen mein potenzielles Opfer zu dem netten Verkäufer zurück, setze meinen hilflosesten Dackelblick auf und schildere das Desaster. Er wiegt den Kopf und sagt: »Kommen Sie in einer Stunde wieder.« Und genau das tue ich. Der nette Technik-Mann grinst und deutet auf den Bildschirm, wo ganz liebreizend das Icon für Office leuchtet. Ich bin schwer begeistert, tue das auch ausführlich kund und werfe ein Dankeschön in die Kaffeekasse. Der nette Mann erteilt mir sogar noch Absolution: Ich hatte tatsächlich alles richtig gemacht. Das Programm hinge sich aber gelegentlich mal auf und man/frau könne dann gar nichts machen. Außer neu booten ... Ich frage lieber nicht weiter nach, wie man das macht. Das verwirrt mich nur. Stattdessen schnappe ich unter nochmaligen Dankesbekundungen mein neues, jetzt voll funktionsfähiges Laptop und ziehe glücklich von dannen.

Schwedenreise

Hallo Gott,

Ulrike und Manfred haben uns nach Schweden eingeladen. Unterwegs zu sein, das hast du irgendwie auch zu meinem Lebensinhalt gemacht. Aber anders als vorher bin ich jetzt nicht mehr rastlos, sondern fahre bewusst irgendwo hin. Und meistens ist der Weg schon das Ziel (naja, wenn ich im Stau stehe, bin ich natürlich etwas genervt, denn Geduld gehört nicht unbedingt zu meinen Stärken).

Ich hatte vor dieser größeren Auslandsreise einen Untersuchungstermin, der wieder gute Ergebnisse gebracht hatte – nämlich keines! Also: kein Wachstum der Metastasen. Sie waren da, »schliefen« aber weiterhin. Das sagte jedenfalls der extrem niedrige Tumormaker. Die Ergebnisse aus der sogenannten bildgebenden Diagnostik bekomme ich immer gleich im Anschluss. Das ist eine große Erleichterung, denn wie gesagt, Gott, als du Geduld verteilt hast, habe ich wohl vergessen, mich dafür bei dir anzustellen.

Das Blut, das sie mir abgenommen haben (gefühlt etwa zehn Liter), wird in ein Speziallabor geschickt und dort mit einem besonderen Verfahren ausgewertet. Das dauert. Bevor wir unsere Reise antreten, will ich das Ergebnis noch mitnehmen. Du weißt, Gott, dass meine Anspannung hoch ist, weil der Tumormaker ein wichtiger Parameter für den Verlauf der Erkrankung ist. Er war extrem hoch, als ich operiert wurde, und dann sofort nach der Therapie bei Null.

Ich suche während der Tage, in denen das Labor tätig ist, immer nach einer geeigneten Ablenkung, und da kamen mir verschiedene Verabredungen und das Kofferpacken für unsere Schwedenreise sehr recht. Und noch häufiger als sonst telefonierten Ulrike und ich, um abzustimmen, was noch mitzunehmen sei. Wie schon so oft gelang es ihr, mich von meinen Zweifeln und Ängsten abzulenken, ohne besonderes Aufheben darum zu machen. Ein Segen, so eine Freundin zu haben! Und die Freude auf unseren gemeinsamen Urlaub ließ die Tage des Wartens dann doch schnell vergehen.

Perlen

Als ich bei einem Ritterfest letzten Sonntag an einem Schmuckstand einen bunten Kasten mit Perlen sah, war ich fasziniert von den schönen Farben und Formen, die so ordentlich sortiert waren und doch ein schönes Durcheinander zeigten. Als ich ein Foto davon machte, sagte meine Schwägerin Manuela: »Na, ist das ein Foto für deinen Blog?«

Ja, natürlich! Und ich hatte auch sofort diverse Ideen dazu. Diese bunten, farbig geordneten und dennoch in einem Chaos von Formen und Mustern schön anzusehenden Perlen sind dazu gedacht, auf ein Band oder eine Kette aufgefädelt zu werden. Man kann eine Perle auswählen oder sie mit verschiedenen anderen kombinieren, einfarbig oder bunt, im Mustermix oder symmetrisch. Um das Gebilde dann zu sichern, muss man die Enden der Kette verknoten. Wenn das mal keine Metapher für unser Leben ist?!

Welche Farbe und Form man wählt, hängt vom individuellen Geschmack ab und sicher auch von der persönlichen Tagesform. Ich würde zum Beispiel nicht zwangsläufig eine pinkfarbene Perle wählen. Auch eine grüne würde mir gefallen. Aber die richtige Auswahl bei einer so großen Vielfältigkeit zu treffen, ist gar nicht so einfach. Trotz der großen Unterschiedlichkeit fiel mir eine Gemeinsamkeit bei den Perlen auf: Sie lagen alle wohlbehütet und gut »bewacht« in einer großen Schachtel. Auch das empfand ich als sinnbildlich für mein Leben, als ich die Perlen fotografierte.

Wenn ich die Perlen beziehungsweise das Foto davon heute betrachte, empfinde ich sie als alles andere als schön, bunt und formvollendet. Heute würde ich den ganzen Kasten gerne vom Stand fegen und die schönen Perlen zertreten. Warum? Weil ich entgegen meiner sonstigen Natur total wütend, zornig und frustriert bin. Ich fühle mich gerade hilf- und machtlos und ohnmächtig. Weil ich auf die Willkür und den nicht vorhandenen guten Willen von anderen Menschen angewiesen bin und ich nichts, aber auch gar nichts tun kann, um mein Ziel zu erreichen. Und da ich die Fäden (auf die man die schönen Perlen aufreihen könnte) gerne in der Hand habe, fällt es mir besonders schwer, eine solche Situation auszuhalten.

Der Grund für meinen Zorn: Ich warte seit einigen Tagen auf einen sehr wichtigen Laborwert. Letzte Woche wurde Blut abgenommen und es dauert immer ein paar Tage, bis dann das Ergebnis der Analyse vorliegt, da ein besonderes Verfahren angewendet wird. Ich weiß das und ich habe das schon sehr oft hinter mich gebracht. Ich weiß aber auch, dass man mir immer sagt, ich solle in acht bis zehn Tagen anrufen. Da ich ein ungeduldiger Mensch bin, rufe ich IMMER schon am sechsten Tag an – und dann ist der Wert IMMER schon da. Ich weiß auch, dass sehr viel zu tun ist und die Patienten auch nicht immer nett sind, aber ich rufe nicht an, um nach dem Wetterbericht zu fragen, sondern um einen möglicherweise lebenswichtigen Wert zu erfragen.

Als ich mich heute dort meldete und nachhörte, ob der Wert schon da sei, hatte ich kaum ausgesprochen, als die Dame am Telefon sagte: »Nein, der ist noch nicht da. Es ist zu früh!« Diese Antwort kam so schnell, dass sie weder in meine Kurve, noch auf das Faxgerät, noch in den Ablagekorb gesehen haben konnte. Völlig perplex konnte ich nur: »Äh, oh, äh, tja, schade, aber danke« stottern und verabschiedete mich schnell.

Kaum hatte ich aufgelegt, platzte ich schon vor Wut. Wie dusselig von mir! Ich hätte nachhaken und die Dame bitten (auffordern!) sollen, genauer nachzusehen. Ich grummelte eine Weile vor mich hin und überlegte, ob ich noch einmal anrufen sollte. Nun bin ich eigentlich alles andere als schüchtern, aber offen gestanden war ich doch etwas eingeschüchtert. Ich wollte die Dame auch nicht noch mehr verärgern, denn ich werde sie beim nächsten Untersuchungstermin wiedertreffen. Also ließ ich es.

Nach zwei Stunden kochte ich aber dann doch so sehr, dass ich noch einmal anrief. Allerdings vom Handy aus, damit meine Nummer nicht erkannt wurde. Ich schalt mich sofort eine paranoide Kuh und ließ es 30 Mal klingeln. Niemand ging dran! Das steigerte meine Wut noch mehr, denn es war noch während der ganz normalen Arbeitszeit!

Das Ende der Geschichte beziehungsweise der Perlenassoziation? Ich will sie immer noch herunter schleudern! Und dabei können die schönen bunten Perlen nun wirklich nichts dafür! Aber das ist mir für heute ausnahmsweise mal egal!

Nachtrag: Ich habe noch zwei Mal angerufen, ohne eine Information zu bekommen. Jedoch hatte ich beim zweiten Versuch eine andere Schwester am Telefon, die sich extra noch einmal auf den Weg machte, um im Postfach nachzusehen, und mir dann sehr empathisch sagte, dass sie meine Sorge verstehen würde und es ihr sehr leid täte, dass sie mir aktuell nicht helfen könne. Das tat so gut! Auch wenn ich keine Info hatte, fühlte ich mich etwas erleichtert und beachtet. Am späten Nachmittag hatte ich eine Nachricht auf dem Anrufbeantworter, die Entwarnung gab. Offensichtlich war der Wert »irgendwie« dann doch da …

Der Wert war absolut in Ordnung, aber diese Tortur, Gott, ist wirklich schrecklich. Und das Schlimme daran: Ich werde wieder und wieder dieses Warten erleben! Das kostet enorm viel Kraft. Bin ich undankbar, Gott? Du lässt es bisher immer gut ausgehen. Und darüber bin ich natürlich sehr glücklich!

Ralf und ich konnten also beruhigt unsere Reise antreten und machten einen Zwischenstopp in Kopenhagen. Eine tolle Stadt! Mir gefiel besonders die hypermoderne Architektur in den Außenbezirken. Und ich genoss alles in vollen Zügen. Wir besuchten einige Kirchen, die so ganz anders waren, als wir sie von unseren bisherigen Reisen kannten. Dennoch waren es »durchbetete« Räume und wir nahmen uns Zeit, in den schönen Holzbänken zu verweilen.

In Göteborg sollten wir einige Tag später das große Glück haben, auf ein Chorfestival in einer großen Kirche zu stoßen. Ich war ganz sicher, dass du, Gott, das genau so für mich eingerichtet hattest. Die Stimmen der jungen Menschen gingen mir sehr zu Herzen, obwohl ich den Text natürlich nicht verstand. Es war aber klar, dass sie dir zum Lob sangen. Großartig!

Wir verbrachten eine wunderbare Zeit in Schweden und genossen die Gast-Freundschaft von Ulrike, Manfred und ihrer Jüngsten, Mareike. Wie immer lachten wir viel, führten aber auch sehr gute und tiefe Gespräche bei dem einen oder anderen Glas Wein. Hier entstand die Idee einer »Senioren-WG«, denn wir sprachen auch über unsere Zukunft. Durch die Untersuchungsergebnisse war ich sehr optimistisch, dass ich mit Ralf alt werden darf. Wir hatten uns bei unserer Heirat versprochen, gemeinsam 150 Jahre alt zu werden, um viel Zeit miteinander zu verbringen, da unsere Lebenswege sich erst relativ spät gekreuzt haben. Es war jedenfalls eine gesegnete und wirklich schöne Zeit dort im Norden, und ich nahm wie immer jede Menge Bilder davon im Kopf mit nach Hause.

Knoten

Gordischer Knoten, doppelter Pahlstek, einen Knoten in der Zunge beziehungsweise in der Seele haben – all diese Begriffe kennen und benutzen wir oft. Es ist so eine Sache mit den Knoten: Sie geben einerseits Halt, andererseits verhindern und blockieren sie auch etwas.

Wenn ich das Wort »Knoten« höre, assoziiere ich damit eher etwas Schlechtes, nämlich Lymphknoten. Die an sich eigentlich nichts Schlechtes sind. Im Zusammenhang mit einer Krebserkrankung natürlich schon, zumindest, wenn sie ertastet, sonografiert und punktiert werden (was übrigens schrecklich weh tut!).

Als ich im Sommer in unserem Schwedenurlaub den Knoten auf einem Steg im Hafen sah, wusste ich gleich, dass ich über Knoten mal einen Beitrag in meinem Blog schreiben möchte, obwohl es für mich kein einfaches Thema ist. Es hat auch seine Zeit gebraucht, bis ich bereit war, darüber zu schreiben.

Und doch ist es Martin gleich zu Beginn meiner Erkrankung gelungen, aus dem für mich so schrecklichen Bild etwas Positives zu generieren. Er schickte mir in einer Mail das Bild einer Ikone. Nun bin ich zwar kunstgeschichtlich sehr interessiert, aber das ist eigentlich nicht die Art von Kunst, die ich mag. Auf dem Bild sieht man Maria, die das Jesuskind auf ihrem Schoß sitzen hat. Durch seine Hände gleitet ein weißes Band mit vielen Knoten (neun Stück – ich habe sie oft gezählt). All diese Knoten löst er nach und nach auf, entwirrt sie und glättet das Band. Ich habe das Bild ausgedruckt, laminiert und immer in meiner Handtasche, bei jedem Untersuchungstermin und jeder Therapie in meiner Hosentasche. Es ist schon ziemlich zerknittert und abgegriffen. Bei mir zu Hause hängt es auf Leinwand gezogen im Flur, und ich gehe jeden Tag zigmal daran vorbei. Das Bild ist mir lieb und teuer geworden, und ich bin Martin sehr dankbar für dieses Geschenk, denn es hat mir durch viele schwere Stunden geholfen.

Als ich den Knoten im Sommer auf dem Steg sah, habe ich mich gefreut. Ich empfand ihn nicht als negativ, denn ich wusste, es gibt jemanden, der diesen Knoten auch wieder aufknüpfen kann.

Gesundheit!

Hallo Gott,

aus dem Urlaub zurück, wollte ich voller Enthusiasmus noch mehr für meine Gesundheit tun. Ich habe eine Eigenverantwortung, und die will ich wahrnehmen! Ich halte nichts von Aussagen wie: »Wenn du nicht genug glaubst, wirst du auch nicht geheilt.« Das finde ich gefährlich und anmaßend. Wer will und kann schon ermessen, ob ich »genug« glaube? Und bei dir, Gott, muss ich nichts leisten, du legst keinen Maßstab an und vergibst auch keine Noten. Das nimmt mir den Druck, Glauben »leisten« zu müssen.

Du hast mir einen Körper geschenkt, mit dem ich eigentlich immer ganz zufrieden war. Ich fand mich einigermaßen gutaussehend, habe Sport gemacht, mich überwiegend gesund ernährt und nur in meiner Jugend mal etwas geraucht. Die Schwangerschaft verlief relativ komplikationslos und hinterließ keine nennenswerten Blessuren. Ich hatte mir vorgenommen, »in Würde« zu altern – also keine Schönheitsoperationen, Laser, Botox und was es so alles gibt. Nach den vielen Operationen im Zusammenhang mit meiner Krankheit war ich zwar gezeichnet, aber es ließ sich ganz gut kaschieren. Die Schmerzen sind zwar immer da, aber erträglich, und jetzt Größe 36 zu tragen, ist für mich auch nicht wirklich schlimm.

Das Wunderbare daran: Ich war nie ernsthaft krank. Mein Körper »funktionierte« dank deiner Schöpfung einwandfrei. Dass das nicht selbstverständlich ist, habe ich im Krankenhaus tausendmal erlebt. Ich habe viele Menschen schwerkrank, leiden und sterben sehen. Ich war dir immer dankbar, dass ich gesund war. Und du schenktest mir einen gesunden Jungen, an dem auch alles dran war, was dran gehörte. Welch ein großer Segen!

Aber irgendwann probten einige meiner Zellen einen Aufstand und taten nicht das, was sie eigentlich tun sollten. Nein, Gott, ich habe es dir schon mehrfach geschrieben, ich frage nicht nach dem Warum. Ich habe mich sehr intensiv wissenschaftlich mit der Mutation von Zellen auseinandergesetzt und viele schlaue Fachartikel, Bücher und Beiträge im Netz gelesen. Irgendwann ließ ich es sein, denn es war mir egal. Es ist, wie es ist: Einige Zellen spinnen rum und ich kann nur versuchen, sie davon zu überzeugen, das zu lassen. Du gabst mir die Ideen und die Kraft dazu und ließest deinen heilsamen Segen wirken.

So, und da stehe ich nun, Gott. Einer meiner Lieblingssprüche aus deinem Buch ist: »Sprich nur ein Wort und dein Diener wird geheilt« (Mt 8,8). Und ja – ich glaube fest daran, dass ohne dich gar nichts auf meinem Heilungsweg passiert wäre. Dass das Medikament wirkte, das warst nur du, ganz klar! Du hast mir die Möglichkeit gegeben, aktiv mitzuhelfen, sodass ich innen und außen heilen konnte. Und beides war schwierig! Ich habe dich schon oft darum gebeten, es doch etwas – nur ein kleines bisschen – leichter zu machen.

Die Geschichte mit den Spuren im Sand fällt mir dann immer ein, in der es darum geht, dass in besonders schweren Zeiten nur ein paar Fußspuren auf dem Lebensweg eines Menschen zu sehen sind und du doch versprochen hast, immer da zu sein. Die Antwort ist, dass du mich und alle anderen, die leiden, dann, wenn es besonders schwer war, getragen hast.

Jedenfalls wollte ich nach unserem Urlaub dank meiner zunehmenden Energie wieder sportlich aktiver sein. Wie so oft kam genau zur richtigen Zeit eine Info von meinem Physiotherapeuten Christoph, dass es demnächst einen neuen Yoga-Kurs geben würde. Perfekt. Ich meldete mich an und bin bis heute dabei geblieben.

Yoga

Nach meinem vor vier Wochen begonnenen Yoga-Kurs habe ich nun das Gefühl, Knoten in die Beine und in die Ohren machen zu können. Ich hatte ja keine Ahnung, worauf ich mich einließ!

Nein, im Ernst – zur Gesundheitsförderung nach meiner langen Krankheitsphase habe ich schon die unterschiedlichsten Dinge ausprobiert: Qigong, Tai Chi, progressive Muskelentspannung und, und, und. Das wird auch in allen Nachsorgeeinrichtungen empfohlen. Nur habe ich bei diesen Therapien immer Angst, mich einer Gehirnwäsche zu unterziehen. Was natürlich Quatsch ist. Das eine oder andere Programm hat mir auch ganz gut gefallen. Nur an Yoga hatte ich mich bisher nicht herangetraut. Ich hatte aber »Blut geleckt«, weil in den Kursen bei meinen diversen Klosterwochenenden immer wieder Yoga-Übungen vorkamen.

Jetzt wurde ein neuer Kurs angeboten. Kurz entschlossen meldete ich mich an, natürlich nicht, ohne mir vorher ein Yoga-Outfit zuzulegen und entsprechende Literatur zu wälzen. Schließlich gehe ich nicht unvorbereitet in so ein Experiment.

Gleich zu Beginn fragte ich vorlaut die sehr sympathische und natürlich extrem durchtrainierte Yoga-Lehrerin Johanne, ob in dem Kurs auch fernöstliche, spirituelle Inhalte vermittelt würden, denn das wollte ich als überzeugte Christin nicht. Nein, beschied sie mir, es gehe allerdings um Achtsamkeit. Das ist ein Begriff, den ich aus dem Kloster kenne und der mir durchaus angenehm ist. Dass ich mit mir und meinem geschundenen Körper (und meiner Seele) achtsam umgehen muss – nun ja, genau deshalb war ich ja da!

Wir begannen mit einer Entspannungsübung. Ich dachte schon, dass das in einen »Kuschelkurs« ausarten würde – aber weit gefehlt! Johanne erhöhte sukzessive das Tempo und die Schwierigkeit der Übungen und nach gut einer Stunde war ich durchaus durchgewärmt, gedehnt, gestreckt, beatmet, beachtet und einfach erschöpft. Aber das fühlte sich richtig gut an und ich war sehr stolz, so gut durchgehalten zu haben.

Zum Abschluss gab es dann wieder eine Entspannungsübung samt einer Gedanken-Reise. Mit leiser, wohlklingender Stimme und melodiöser Musik im Hintergrund führte uns die Lehrerin noch einmal durch alle Gliedmaßen und dann zu einem wärmenden, angenehmen Platz im Irgendwo, an dem ein wärmendes, goldenes Licht scheint, das uns heilsam durchströmt.

Wenn ich das so lese, klingt es albern. Ist es aber nicht. Mein Körper und mein Geist waren ausreichend müde, um sich auf diese Reise einzulassen, und ich empfand es als sehr wohltuend. Ich spürte Muskeln, von denen ich nicht wusste, dass dort welche sind. Meine Nachbarin auf ihrer Matte entspannte offensichtlich auch sehr, denn nur wenige Minuten nach Einstieg in die Schlussentspannung hörten wir alle ein leises, aber deutliches Schnarchen.

Heute ist es wieder soweit: Ich werde körperliche und seelische Verspannungen lösen und achtsam den Weg zu Ruhe, Gelassenheit und Entspannung gehen.

Papa

Hallo Gott Vater,

seit fast zehn Jahren fahre ich mindestens einmal, möglichst zweimal im Jahr ins Kloster Damme zu den Benediktinern. Ein Wochenende haben Ralf, Ulrike, Manfred und ich gemeinsam dort verbracht. Es war ein Seminar mit Pater Anselm und eine wunderschöne, sehr intensive Zeit, die unsere Freundschaft noch mehr vertiefte. Die anderen Seminare absolvierte ich alleine, und die meisten davon fanden im Schweigen statt. Das genieße ich immer sehr. Als ich noch im Job arbeitete, hörte ich viel zu, redete viel und war immer in Aktion. Als ich das erste Mal ein Schweigeseminar zur Kontemplation besuchte, machte mir das sogar ein bisschen Angst, denn natürlich kamen Dinge hoch, denen ich mich sonst nicht so unbedingt gestellt hätte. Und ich putzte mir vier Mal am Tag die Zähne, weil ich das Gefühl hatte, meine Zunge trocknet ein, weil sie so gar nichts zu tun hat, außer zu essen. Und das Essen schmeckt auch anders, wenn man sich am Tisch nicht unterhalten muss. Nicht dauernd überlegen zu müssen, wie man ein bisschen Smalltalk hinbekommt, ist sehr entspannend.

Jedenfalls lernte ich sehr viel in diesen Seminaren über dich, Gott, über Gespräche mit dir, und du siehst ja, was daraus geworden ist. Am allermeisten lernte ich aber über mich selbst. Das war nicht immer schön, aber nötig.

Beim letzten Seminar, das ich wieder alleine besuchte, gab es einen Impuls der Leiterin, dass wir uns drei Schätze (Glassteinchen) aussuchen sollten. Jedes hatte eine andere Farbe und sollte als Symbol für eine Geschichte in unserem Leben stehen, bei der wir Vertrauen und Sicherheit empfunden hatten.

Mir fielen viele Geschichten ein, in denen ich mich in deine Arme warf, Gott Vater, in dem Bewusstsein, dass du mich auffängst. So wie ein Kind jauchzend von einer Mauer springt, der Vater es auffängt und lachend im Kreis wirbelt.

Dieses Bild hatte ich vor Augen. Und dann fiel mir plötzlich eine Begebenheit aus meiner Kindheit ein, bei der ich mir ganz sicher war, dass mir nichts passieren konnte: Ich war mit acht oder neun Jahren zu einer Kinderfreizeit auf der Insel Wangerooge. Es war wohl das erste Mal, dass ich alleine von zu Hause weg war. Ich kannte zwei weitere Mädchen, die Töchter von Freunden meiner Eltern, sodass ich nicht ganz alleine war. Ich freute mich sehr darauf und war voller Begeisterung. Nach ein paar Tagen bekam ich allerdings schreckliches Heimweh, was sich von Tag zu Tag steigerte. Jeden Abend stand ich heulend in der Telefonzelle (es gab natürlich noch keine Handys) und flehte meine Eltern an, mich abzuholen. Am zweiten Abend sagte mein Vater mir, wir würden noch bis morgen warten und ich solle ausprobieren, ob ich es nicht doch schaffen könne. Wenn nicht, solle ich am nächsten Tag wieder anrufen, dann käme er sofort und würde mich mit einem Hubschrauber abholen.

Ich zweifelte keine Sekunde daran, dass mein wunderbarer Vater genau das tun würde! Getröstet und sicher, dass nur ein Anruf genügen würde und mein Vater würde mich retten (wovor eigentlich?), überstand ich die restlichen Tage und hatte sogar viel Spaß. Ich wusste: Egal, was passiert – ein Anruf genügt und der Hubschrauber mit meinem Vater startet!

Und so ist es auch bei dir, Gott: Wann immer ich dich »anrufe«, lässt du einen Rettungshubschrauber für mich starten.

Ich habe viele Jahre später meinen Vater und auch meine Mutter anrufen müssen, um ihnen schlechte Nachrichten zu überbringen. Und immer, immer, waren sie sofort zur Stelle. Du hast mir den wunderbarsten Vater und die allerbeste Mutter der Welt geschenkt, Gott Vater.

Im Seminar nahm ich einen blauen Glasstein für diese Erinnerung. Blau wie der Himmel über Wangerooge, mit einem kleinen Hubschrauber am Horizont.

Aber zurück zu den Klosterzeiten. Du weißt, Gott Vater, dass ich Begegnungen mit Menschen sehr liebe. Aber manchmal verlangst du mir auch eine Menge Geduld ab. Ich behaupte mal, dass es eine bestimmte »Community« ist, die sich auf diese Klosterzeiten einlässt. Es sind sicher sehr oft Menschen, die etwas – dich – suchen oder etwas verarbeiten wollen. Vielleicht ist das auch nur Spekulation, denn die waren Beweggründe kennst nur du, Gott.

Ich hatte oft sehr nette und interessante Begegnungen im Kloster, denn auch wenn man nicht miteinander redet, kommuniziert man ja. Und zum Abschluss, wenn das Schweigen aufgehoben wird, erfährt man plötzlich Dinge, die man nicht vermutet hätte. Manchmal gibt es allerdings auch Begegnungen der »anderen Art« ...

Gruppendynamik und Sucht

Das Klosterwochenende (Schweigeseminar) war sehr interessant, arbeitsintensiv und dennoch ruhig, anrührend, fröhlich und nachdenklich, laut und leise. Es war alles dabei.

Inhaltlich ging es um Sehnsucht. Die erste Frage, der wir uns (da noch im Dialog mit einem anderen Teilnehmer) stellen mussten, war: Wonach sehne ich mich? Klingt einfach, ist es aber nicht! Dazu kam die Erläuterung der Dozentin, dass Sehnsucht auch eine Sucht ist, so wie Eifersucht, Arbeitssucht, Gefallsucht, Habsucht, Anerkennungssucht und so weiter. Obwohl ich das Spiel mit Worten sehr liebe, war mir das bisher irgendwie nicht richtig bewusst. Umso interessanter war die Auseinandersetzung damit.

Es wurde überwiegend geschwiegen und meditiert. Dazu wurden kurze Impulse durch Texte, Bilder oder Gegenstände angeboten. Es gab in den Einheiten jeweils nur eine Gelegenheit, sich in kleinen Gruppen oder zu zweit auszutauschen. Auch während des Essens wurde geschwiegen. Interessanterweise schmeckt das Essen anders, wenn man sich nicht nebenbei unterhält. Ich finde es grundsätzlich sehr schön, in geselliger Runde zu essen und zu reden, denn es ist eine Form von Gemeinschaft. Für mich war das Schweigen nicht neu, aber doch, besonders beim Essen, wieder überraschend andersartig.

Gruppendynamik. Tja, was soll ich sagen? Ich kenne das ... Man weiß ziemlich schnell, mit wem man auf einer Wellenlänge ist und mit wem nicht oder sogar ganz und gar nicht! Es gab natürlich eine obligatorische Vorstellungsrunde, in der man sich mit Namen, Herkunftsort und beruflichem Hintergrund in Szene setzte. Ein Typ nutzte es gleich im Wortsinn und hielt erst einmal einen kleinen theologischen Vortrag.

Der Teilnehmer war der Ansicht, uns »Unwissende« über die spirituellen Hintergründe von *communis*, lateinisch für »gemeinsam«, in Kenntnis setzen zu müssen. Er selbst hatte den Begriff anscheinend überhaupt nicht verstanden, denn er musste von der Seminarleiterin unterbrochen werden, damit sie ihm klarmachen konnte, dass auch andere Teilnehmer Redezeit hätten, da wir »gemeinsam« starten wollten.

Ich fiel gleich meiner ersten Sucht zum Opfer: der Schubladensucht. Ich kategorisierte ihn gleich als absoluten »Nervkeks« – und ab in die Schublade. Ich schämte mich sofort dafür, behielt aber leider trotzdem Recht – denn er war extrem anstrengend! Das zeigte sich im Verlauf des Seminars durch seine notorische und inszenierte Unpünktlichkeit und seine ausgewiesene Klugscheißerei (Entschuldigung!), gepaart mit extremer Geltungssucht (womit er offenbar irgendetwas kompensierte, wenn ich mal psychologisieren darf).

Jedenfalls gab es mehrere Gespräche zwischen der Dozentin und ihm – ohne Erfolg. In einer Gesprächsrunde war ich mit zwei anderen Frauen und ihm in einer Gruppe und die Situation eskalierte fast, als er einer Teilnehmerin dauernd ins Wort fiel. Trotz einer sehr offenen Zurechtweisung, doch bitte die Sprecherin ausreden zu lassen, war ein Dialog nicht möglich. Entnervt brachen wir die Runde ab.

Während des ganzen Wochenendes behielt er sein Verhalten bei, bis er sogar von der Dozentin des Raumes verwiesen wurde. Er war irgendwie beratungsresistent, und es fiel uns schwer, sich nicht ablenken zu lassen, denn schließlich waren alle aus einem bestimmten Grund im Kloster.

Fazit des Wochenendes: Süchte haben ihre eigenen Dynamik. Und für »Gelassenheit« muss ich wohl ein weiteres Wochenende ins Kloster!

Liebe

Danke, Gott,

für die Liebe. Davon bin ich umgeben: von deiner unendlichen Liebe, der meiner Eltern, der meines Sohnes. Und der Liebe von Ralf. Das ist eine echte »Lovestory«. Einige Freunde von uns haben schon Silberhochzeit gefeiert. Anderen geht es wie uns: Sie haben einen Neustart gewagt und sind erst relativ kurz zusammen. Ich habe dir nach meiner Trennung beziehungsweise Scheidung gesagt, dass ich auch ganz gut alleine klarkomme. Du hattest offensichtlich einen anderen Plan für mich. Und für Ralf.

Ich denke, Gott, ohne Ralf wäre ich nicht mehr hier. Er war die Medizin für mein wundes Herz. Und dass Malte und Ralf sich auf Anhieb mochten und wirklich gut verstanden, war für mich keine Selbstverständlichkeit, sondern ganz klar ein Geschenk von dir.

Wir heirateten in dem Jahr nach meiner ersten Krebsdiagnose und feierten ein Gartenfest hinter unserem Haus, das wir ein Jahr zuvor gekauft hatten. Mit Familie und engen Freuden, wir waren etwa 60 Leute. Ich trug ein knallrotes »Marilyn-Monroe-Kleid«, Malte stand mit Franzi, der ältesten Tochter meiner Trauzeugin Barbara, hinter dem Tresen, und es war ein tolles Fest – fast legendär. Zumindest für Ralf und mich.

Wir versprachen uns, gemeinsam möglichst 150 Jahre alt zu werden. Eine Zeitlang sah es so aus, als würden wir nicht einmal den fünften Hochzeitstag schaffen. Aber du hast ein Wunder parat gehabt für uns! Den fünften Hochzeitstag feierten wir also wieder im Garten, dieses Mal nur mit etwa 30 Gästen. Richtig gut ging es mir ein paar Monate nach der Therapie allerdings noch nicht, aber ich genoss das Fest sehr und hielt durch.

Ralf, Malte und ich waren eine richtige Familie und als Malte später zum Studieren nach Braunschweig ging, war das Haus plötzlich groß und ruhig. Wir fanden in unseren Alltag zu zweit – bis zu jenem Tag, als die zweite, noch schlechtere Diagnose kam. Und wieder war Ralf an meiner Seite, mein Fels in der Brandung. Wenn ich ihn beobachtete, ohne dass er es merkte, sah ich, wie tief seine Verzweiflung war und mir wurde deutlich, dass ich alles, was in meiner Macht stand, tun musste, um nicht zu sterben, denn ich wollte auf keinen Fall, dass Ralf leidet.

Und genau das habe ich mit dir besprochen, Gott. Ich sagte dir, dass es ja schon schlimm genug ist, was ich so mitmache, aber dass das, was mit Ralf geschieht, ja nun so gar nicht geht. Und so betete, flehte, forderte ich mal wieder, dass du mich um seinetwillen und um Maltes und meiner Eltern Willen gesund machen müsstest oder mir wenigstens noch ein paar Jahre Zeit schenken solltest.

Das hast du getan. Ich danke dir jeden Tag dafür, um nicht auch gleichzeitig um mehr zu bitten. Mehr Zeit. In unseren Eheringen steht: »carpe diem«. Das versuchen Ralf und ich jeden Tag. Und sehr oft gelingt es mit deiner Hilfe – danke, Gott!

Ralf hat meinem Leben wieder Halt gegeben, und es gibt keinen Wunsch, den er mir nicht erfüllen würde. Bei ihm darf ich mich als Prinzessin fühlen (und wer wünscht sich das nicht!). Er und ich sind natürlich nicht immer einer Meinung. Er ist ein sehr kluger Mann, und dagegenzuhalten, ist nicht immer ganz einfach. Oft genug hebelt er meine Argumentation aus (die zugegebenermaßen aus seiner Sicht vielleicht nicht so ganz logisch ist). Aber ich halte trotzdem leider manchmal etwas stur an meiner Meinung fest. Wir diskutieren, argumentieren, schwadronieren und lamentieren. Jeder auf seine Art und jeder mit den Tricks, die er so drauf hat. Natürlich kennen wir uns mittlerweile so gut, dass wir wissen, wie der andere tickt. Aber, Gott, genau das macht unsere Liebe aus. Alles andere würde uns wohl langweilen. Und nichts kann unsere Liebe schmälern. Die Ereignisse haben uns nur noch enger aneinander geschweißt.

Du weißt ja, dass ich auch nicht gerade schüchtern, zurückhaltend und immer tiefenentspannt bin. Ich weiß zu jedem Thema etwas (oder glaube es zu wissen), habe immer eine Meinung und gebe zu allem ein Statement ab. Meistens ungefragt. Und manchmal steht das im totalen Gegensatz zu Ralfs Ansichten. Macht aber überhaupt nichts. Denn wir haben schon oft Paare beobachtet, die im Restaurant oder Café saßen und sich offensichtlich nichts zu sagen hatten. Das passiert uns sicher nicht. Ich finde das großartig. Als wir uns kennenlernten, stellten Ralf und ich schon sehr bald fest, dass uns der Gesprächsstoff so schnell nicht ausgehen würde. Nun, das hat sich bestätigt.

Aber wir haben auch gelernt, zusammen innezuhalten, dir zuzuhören und mit dir zu reden. Ralfs Arbeit im Kirchenvorstand und meine ehrenamtliche Tätigkeit in der Notfallseelsorge sind wichtige Bestandteile vieler unserer Gespräche geworden. Doch auch die große Weltpolitik, unser gemeinsames Leben und alles, was uns am Tag so begegnet, sind unsere Themen: Was wir gelesen haben, was in der Predigt für uns wichtig war oder Pläne, die wir haben.

Dass das Leben aus Gegensätzen bestehen muss, um es zu würdigen, haben wir beide, glaube ich, begriffen. Danke, Gott, für diese Erkenntnis, wenn ich auch wünschte, du hättest mir das etwas »schonender« beigebracht.

Gegensätze

Schon wieder Schuhe? Ja, muss sein! Aber dann ist vorläufig dieses Thema »abgefrühstückt«. Bis auf weiteres … versprochen!

Unser letzter Urlaub führte uns an den Chiemsee. Es ist einfach himmlisch, wenn man Berge, Bayern und das Brauchtum liebt. Ich mag es sehr! Und ich mag bekanntlich Schuhe. In unmittelbarer Nähe des Chiemsees liegt nicht nur die Schickeriastadt München (die ich ebenfalls sehr mag!), sondern auch Rosenheim. Und die hat ein Schuh-Outlet! Kreisch-Alarm!

Mit meiner Freundin Barbara und deren Teenietochter Sophia fuhren wir auf Beutezug nach Rosenheim. Ich hatte mir explizit vorgenommen, mich zu mäßigen! Und ich hatte einen überkritischen Teenager dabei, der mir deutlich sagen würde, was »hip« ist und was nicht. Nicht, dass ich das nicht selbst wüsste, aber eine zweite Meinung schadet nie.

Der erste Eindruck war enttäuschend, denn statt Schuhen sah ich als erstes Klamotten. Das hatte ich nicht erwartet und es interessierte mich nun gar nicht. Der zweite Eindruck war nicht viel anders. Ich pilgerte durch die Regalreihen und war nicht wirklich überwältigt. Das Modell, das ich gesucht hatte, gab es nicht (der reguläre Preis war mir zu hoch) und blaue High Heels, die ich eigentlich seit Wochen suchte, hatten sie auch nicht. Enttäuschung machte sich breit. Barbara verschwand mit Sophia in einer Sonderpostenhalle für Stiefel. Das interessierte mich ebenfalls nicht, da ich auf Sommer gepolt war.

Ich schlenderte also noch einmal durch die Reihen und entdeckte ein paar Hausschuhe. Eigentlich brauchte ich die nicht, aber der Preis war unschlagbar. Dann entdeckte ich die roten Pumps. Sie gefielen mir ganz gut und der Preis war der Kracher. Ich habe aber natürlich schon diverse rote Schuhe in verschiedenen Ausführungen. Aber nicht solche! Und zu meinem neuen Dirndl würden sie auch passen …

Ich argumentierte eine Weile mit meinem »inneren Schweinhund« über Sinn und Unsinn eines weiteren Paares roter Schuhe und gewann … Natürlich!

Als ich an der Kasse die beiden Paare nebeneinander stellte, um zu zahlen, sprach mich ein Herr in tiefstem bayrisch an: »Noo, des is joa aa sehr gegensätzliche Gombination!« Und lachte. Ich auch, aber eher aus Höflichkeit, denn ich fand es erstens schwierig, ihn zu verstehen, und zweitens unangemessen, meinen eben erst wegargumentierten »inneren Schweinehund« wieder auf den Plan zu rufen.

Ja, natürlich ist es ein Gegensatz, wenn man einen geblümten Hausschlappen neben knallrote Wildleder-High-Heels stellt. Und? So ist eben das Leben – voller Gegensätze. Damit verwies ich besagten Schweinehund in seine Hütte, bezahlte und ging mit einer überdimensionierten Tüte von dannen.

Fazit: Schuhe kann man immer brauchen, Gegensätze sind gut und »innere Schweinehunde« gehören nach draußen!!!

Berge

Hallo Gott,

dass ich Berge mag, hast du mir wohl in die Wiege gelegt. Wenn meine Eltern mit mir als Kind Urlaub machten, ging es nämlich immer in die (deutsch-österreichischen) Berge und ich musste sie (gefühlt) alle erwandern. Damals fand ich das gemein, wenig spaßig, langweilig und extrem anstrengend. Heute kann ich nicht genug davon bekommen.

Wenn wir zu Barbara fahren, gibt es dort natürlich auch richtige hohe Berge – die fränkischen dagegen sind maximal 500 bis 600 Meter hoch, was für uns, die wir in der norddeutschen Tiefebene wohnen, schon recht viel ist. Wenn wir zum Chiemsee fahren, liegt unser zweiter Wohnsitz in Franken sozusagen auf dem Weg.

Franken – mon amour

Es ist wirklich komisch, aber sobald ich das Schild »Willkommen im Freistaat Bayern« auf der Autobahn passiert habe, geht es mir gut. Es geht mir natürlich auch zwei Kilometer vorher auf der Autobahn gut, aber es fühlt sich für mich trotzdem irgendwie besser an. Dabei bin ich weder Bayern-München-Fan, noch finde ich Horst Seehofer gut. Ich mag an Bayern auch eher Franken, was ein Widerspruch in sich ist, denn Franken ist ein Teil von Bayern – noch. Es gibt schon lange die Bestrebung, Franken zu einem eigenen Bundesland zu machen, aber das wird wohl vorläufig nichts.

Das Lebensgefühl ist für mich dort »unten« ein anderes. Und die Lebensqualität ist ebenfalls höher. Das hängt nicht nur mit dem sehr guten, deftigen und preisgünstigen Essen, dem süffigen Bier (Franken hat die höchste Brauereidichte) oder dem leckeren Frankenwein zusammen. Es gibt auf (fast) jedem Hügel eine Burg oder Burgruine, die Dichte der Künstler, Maler, Komponisten, Baumeister, Dichter und Denker ist dort (gefühlt) ebenfalls höher. Zudem findet man viele reich geschmückte Barockkirchen und liebevoll gestaltete Parks. Ich erlebe auch die Menschen dort etwas entspannter, gelassener und offener als beispielsweise bei uns im Norden. Das ist natürlich eine rein subjektive Wahrnehmung ...

Mit unserem Zweitwohnsitz in der Fränkischen Schweiz sind wir damit tatsächlich auch zu Hause, wo Franken am schönsten ist.

Es ist schon ein besonderes Gefühl, nach Hause zu kommen: nach einer langen Fahrt, nach der Arbeit, nach dem Einkaufen oder nach einer Party bei Freunden. Jedes Zuhause hat seinen eigenen Geruch, seine eigene Stimmung, seine eigene Atmosphäre. Es ist ein Teil von uns – ein Teil unserer Identität. Hier fühlen wir uns sicher und geborgen. Es bietet Schutz und Rückzugsmöglichkeit, aber auch Raum für Familie und Freunde – je nach Bedarf. Für mich hat irgendwo zu Hause zu sein auch mit meinen Wurzeln zu tun, verankert, geerdet zu sein. Für mich ist Franken ein Stück Heimat, ein Teil meiner Biografie und mir immer eine große Freude!

Gott, warum verbinde ich mit den Bergen deine unmittelbare Nähe? Du bist doch immer da. Ich habe viel über den Mount Everest, den K2, den Nanga Parbat und die Expeditionen dorthin gelesen. Die Wahrscheinlichkeit, dass ich sie mal live sehen werde, ist nicht besonders hoch (dazu müsste ich ja fliegen). So genügen mir eben die Alpen, sie sind wunderschön. Jedesmal, wenn ich die Kampenwand oder die Hochries sehe, kommen mir fast die Tränen, so ergriffen bin ich von der Erhabenheit deiner wunderbaren Schöpfung. Und ich bin dir wirklich sehr dankbar, Gott, dass ich so oft Gelegenheit habe, das zusammen mit Ralf und Barbara, Uli, Margarete und Sepp zu genießen.

Alpen

Wer wie ich oft in den Bergen ist, insbesondere in den Alpen, wird verstehen, was ich mit Erhabenheit meine.

Da ich glücklicherweise meistens wieder so fit bin, dass ich auch etwas längere Bergtouren machen kann, packten wir die Gelegenheit, die sich während einer »Trockenperiode« im Dauerpfingstregen bot, beim Schopf und machten uns mit Barbara und Uli auf zu einer Tour. Die beiden sind erfahrene Bergwanderer, sodass wir sicher waren, einen guten Aufstieg zu finden.

Da es die Tage vorher ausgiebig geregnet hatte, war das nicht ganz einfach, denn der Weg war matschig und die Steine glitschig. Dennoch gab es, als wir über die Baumgrenze kamen, einen prächtigen Blick. Der Himmel war grau, Wolkenfahnen hingen an den Bergspitzen fest und tauchten die Kulisse in eine mystische, aber dennoch Geborgenheit vermittelnde Atmosphäre. Einige andere Wanderer, ein Läufer (ja, es gibt auch Menschen, die Berge nicht erwandern, sondern hinauf und hinunter joggen!) und einige Downhill-Raser, die in halsbrecherischem Tempo an uns vorbei jagten, begegneten uns. Ansonsten war es still.

Damit meine ich nicht leise oder ruhig, sondern eine Stille, die ebenfalls etwas Mystisches an sich hatte. Ich behaupte immer wieder, dass man in den Bergen dem Himmel ein bisschen näher ist. Und dieses Gefühl stellte sich bei mir wieder sehr deutlich ein – zumal auch noch Pfingstsonntag war.

Nach gut eineinhalb Stunden erreichten wir kurz hinter einem österreichischen Grenzstein eine Berghütte, wo wir uns mit Kakao und Topfenstrudel (ist sehr lecker, sehr süß und hat ungefähr eine Million Kalorien … machte aber nichts, wir hatten auch schon einiges verbraucht) für den Rückweg stärkten. In der Hütte herrschte fröhliches Treiben und wir wurden in verschiedene Plaudereien mit anderen Gästen verwickelt. Die Gespräche waren kurz und unverbindlich, dennoch hatten sie alle etwas gemein: Die Erhabenheit der Berge wirkte hindurch. So empfand ich es zumindest.

Der Rückweg war gefühlt kürzer, dafür aber ungleich schwieriger, da es bergab noch rutschiger war, aber alle meisterten den Weg ohne größere Blessuren, dafür jedoch mit verdreckten Hosen und Stiefeln.

Am Parkplatz angekommen, war ich ein bisschen stolz, den Auf- und Abstieg so gut gemeistert zu haben. Ich versuchte, dieses »erhabene« Gefühl in meiner Gedankenwelt abzuspeichern. Mir ist klar geworden: Ich gehe ganz sicher wieder auf den Berg, um dem Himmel etwas näher zu sein!

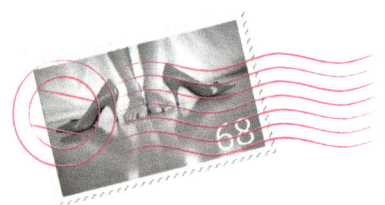

Malte

Danke Gott,

für meinen Sonnenschein Malte. Ich bin glücklich, dass ich ihn in seinem Leben so lange begleiten durfte. Bei meiner ersten Krebsdiagnose war er erst vierzehn. Bei der zweiten hatte er gerade mit seinem Architekturstudium begonnen und kurz vor der zweiten Operation bekam er die Zusage, seinen eigentlichen Traum zu verwirklichen und Politik zu studieren.

Vielleicht geht es genau darum, Gott – Träume zu verwirklichen. Das habe ich Malte schon früh versucht mitzugeben. Ich habe zudem versucht, seine Fantasie anzuregen und etwas zu wagen, indem ich ihm jeden Abend vorlas, mir Geschichten ausdachte und erzählte. Manchmal war es auch umgekehrt, und dann erzählte Malte mir eine Geschichte.

Märchen

Es war einmal ... So fingen viele Märchen an, die meine Oma mir vorlas, als ich noch nicht selbst lesen konnte. Wie habe ich sie geliebt! In meiner Fantasie und in meinen Träumen war ich natürlich immer die schöne Prinzessin.

Es war einmal ... So fing ich meine Geschichten an, die ich meinen Eltern als Kind auf langen Wanderungen erzählte, um zu vergessen, wie weit der Weg und wie steil der Berg war. Ich dachte mir Geschichten aus, die ein Mix aus Märchen, Träumen und Fantasien und vielleicht aus dem einen oder anderen Film waren, den ich damals im Fernsehen gesehen hatte.

Es war einmal ... So fingen die Geschichten an, die ich Malte vorlas, als er noch nicht selbst lesen konnte, und die ich mir ausdachte, wenn er eine neue Geschichte hören wollte. Sie handelten natürlich nicht von Prinzessinnen, aber von Drachen beziehungsweise Dinosauriern und Forschern, die Abenteuer bestanden.

Es war einmal ... So fing die Geschichte an, die mir in den Sinn kam, als ich in Franken eine verwunschene Tür sah, die in eine Mauer eingelassen war. Und mir fiel ein, dass ich schon lange keine Geschichten mehr erzählt hatte. Dabei sind sie da. Sie sind alle in meinem Kopf.

Meine Fantasie sammelt jeden Tag kleine Splitter möglicher Geschichten. Vielleicht für meine zukünftigen Enkel?

Es war einmal ... Eine verwunschene Tür. Sie war vor Urzeiten von dem alten König des noch älteren Königreichs der Wunschmenschen verzaubert worden. Das war die Strafe für die immer größer werdenden Wünsche seines Volkes. Wer die Tür durchschritt, konnte nur in sein Reich zurückkehren, wenn er das Zauberwort wusste ... Wie mag die Geschichte wohl weitergehen?

Es war einmal ... So werde ich beginnen, wenn ich einmal auf mein Leben zurückblicke. Ich werde dann wissen, dass es kein Märchen ist, sondern eine wahre Geschichte. Und es wird eine schöne Geschichte sein.

Malte schafft es immer, mich mit seinen Storys zum Lachen zu bringen. Natürlich ist er der großartigste Sohn, den man sich als Mutter nur wünschen kann. Er war, kaum, dass er laufen konnte, ein echter Wirbelwind. Im Park in Bamberg trafen wir eine ältere Dame, Malte saß im Buggy. Er versuchte unentwegt herauszuklettern, bis ich ihn schließlich abschnallte. Schon sauste er Richtung Ententeich los, geradewegs auf das tiefe Wasser zu. Die Dame stand am Rand des Teichs und packte Malte gerade noch rechtzeitig an der Kapuze. Sie lachte: »Na, kleiner Mann, dir ist wohl auch die Welt zu klein?«

Dieser Satz hat sich in mein Gedächtnis eingebrannt, und wenn ich jetzt meinen wundervollen erwachsenen Sohn sehe und er auf mich herunterschaut (er ist mindestens einen Kopf größer als ich), wünsche ich ihm immer, dass diese Welt – deine Welt, Gott! – viel Gutes für ihn bereithält. Und wenn es mal schwierig wird, bin ich sicher, dass du an seiner Seite bist und ihm Orientierung gibst. Dass das Leben uns nicht immer geradeaus führt, dass wir alle einmal scheitern, einen Umweg machen und von vorne beginnen müssen, das lernte Malte schon in jungen Jahren. Aber immer warst du bei ihm, Gott. Und immer nahmen Malte und auch ich etwas mit. Erfahrungen und uns selbst.

Abflug

Vor ein paar Tagen wollte ich Malte zum Flughafen in Bremen fahren – ein relativ kleiner und regionaler Abflugsort. Ich war schon ein paar Mal dort und üblicherweise sind Flughäfen an der Autobahn immer gut ausgeschildert. Trotzdem fuhren wir relativ früh los, sodass wir eine gute Stunde Zeitpuffer hatten und vielleicht noch einen Kaffee zusammen trinken könnten. Ich nahm die richtige Autobahnabfahrt und sah nach einigen hundert Metern schon ein Flugzeug – gefühlt sehr nah und sehr tief – die Landebahn anfliegen. Unwillkürlich musste ich an »Rudolph the red nosed reindeer« und den Weihnachtsmann denken. Fehler! Vor lauter Weihnachtsduseligkeit verpasste ich die Abzweigung zum Flughafengelände und fand mich auf der Autobahn wieder.

Nun ist es ja ziemlich unklug, auf der Autobahn zu wenden. So musste ich wohl oder übel die nächste Ausfahrt nehmen. Tat ich dann aber nicht, weil die blöde Navi-Quatsche mir einen anderen Weg vorschlug. Um die Geschichte abzukürzen: Ich fuhr um die ganze Stadt herum und landete 30 Minuten später wieder an der Stelle, an der ich mich in Weihnachtsträumereien verloren hatte. Es gelang mir dieses Mal, die richtige Abzweigung zu nehmen, einen Platz im Parkhaus zu ergattern und »just in time« in der Abflughalle zu sein. Jetzt war natürlich keine Zeit mehr, einen Kaffee mit Malte zu trinken. Ich verabschiedete ihn zügig und entschloss mich dann, alleine einen Kaffee in der Flughafenhalle zu trinken.

Es war, wie gesagt, ein kleiner Regionalflughafen. Dennoch hörte ich diverse Fremdsprachen. Ich genoss meine Latte macchiato in aller Ruhe und beobachtete das Treiben um mich herum. Ich kam nicht umhin, mich zu fragen, was diese Menschen wohl für ein Ziel hatten. Woher sie kamen oder wohin sie wollten.

Ich musste grinsen und an meine Unfähigkeit denken, die richtige Abfahrt zu nehmen. Ist es nicht eigentlich egal, wo wir abbiegen oder wohin wir fliegen? Irgendwo kommen wir doch auf jeden Fall an. Ob sich das immer so mit unseren ursprünglichen Plänen deckt, ist natürlich eine andere Frage.

Ich genieße in meiner jetzigen Lebenssituation das Privileg, nicht allzu viele Verpflichtungen zu haben und relativ frei über meine Zeit verfügen zu können. Das macht es aber nicht unbedingt leichter, das Ziel nicht aus den Augen zu verlieren. Wegweiser, Anzeigetafeln und ein Navi gibt es für das Leben nur in beschränkter Form. Und selbst wenn – es muss uns dann auch gelingen, rechtzeitig abzubiegen oder in das richtige Flugzeug zu steigen – in der Hoffnung, dass der Pilot oder der Fahrer das Ziel schon finden wird.

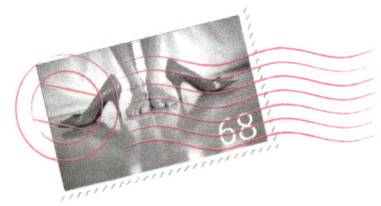

Jahresende

Ich weiß nicht, Gott,

ob du es mir übel nimmst, dass ich ein solcher »Weihnachts-Grinch« bin. Ich feiere meinen Geburtstag auch nicht gerne, weil ich erstens finde, dass dann eigentlich die Mütter der Geburtstagskinder gefeiert werden müssten und ich zweitens jeden Tag Geburtstag habe, weil du mir Zeit geschenkt hast. Nun ist Weihnachten das Geburtstagsfest deines Sohnes. Ich habe immer versucht, Malte an seinem Fest einen besonders schönen Tag zu gestalten. Und zu Ralfs Geburtstag fahren wir meistens gemeinsam in den Urlaub.

Weihnachten ist in unserem Kulturkreis ein Fest der Familie. Da ist erfahrungsgemäß die Erwartung, dass alles reibungslos läuft, sehr hoch. Für mich beginnt der Stress schon mit der Weihnachtsdeko.

Deshalb gibt es bei uns, sehr zum Leidwesen von Malte und Ralf, auch nicht sehr viel davon. Wenn, dann dezent und nur in einer Farbe (pink, türkis oder blau). Die Anspannung bei mir steigert sich, je näher der Heiligabend rückt. Terminabsprachen, wann bei wem Bescherung ist, werden schon im August getroffen. Dann geht auch schon die Essensplanung los. Alle wollen etwas Besonderes zaubern. Und man ist hauptsächlich damit beschäftigt, einzukaufen, zu kochen, den Tisch (besonders hübsch) zu decken, zu essen und den Tisch wieder abzuräumen.

Nein, ich finde das überwiegend unentspannt. Meinen beiden Jungs war es aber immer wichtig, gemeinsam den Baum zu schmücken (Malte und ich), etwas Gutes zu kochen (Ralf) und dann gemeinsam zu essen (wir drei), uns zu bescheren und dann meistens irgendwelche Brettspiele zu spielen. So haben wir es in den meisten Jahre gehalten. Ich habe mir in den letzten drei Jahren besondere Mühe gegeben, entspannt zu sein und nicht zu nörgeln (gelang mir leider nicht immer).

Es gibt aber einige Traditionen, die mir sehr gefallen. Das Zusammentreffen der Familien, der Mitternachtsgottesdienst oder ein Treffen mit Freunden, zum Beispiel.

O-Antiphone

Bei uns feiert man in der katholischen Gemeinde seit einigen Jahren in der Vorweihnachtszeit eine schöne, eigentlich schon sehr alte Tradition aus dem 7./8. Jahrhundert. In den letzten sieben Tagen vor Weihnachten steigt die Erwartung auf das Kommen des Messias. In den Gebetsanrufen, den sogenannten O-Antiphonen, bittet die Gemeinde in der nur mit Kerzen festlich erleuchteten Kirche: »Komm und zeige uns den Weg!« Es sind Wechselgesänge ohne Orgel, die einen meditativen Charakter haben und mich zur Ruhe kommen lassen. Wunderbar!

Im Anschluss machten wir uns auf den Weg, so wie die Menschen vor 2000 Jahren und wie so viele, die jetzt auf der Flucht aus ihrer Heimat sind. Einige der Gottesdienstbesucher waren zu einem Umtrunk bei unseren Freunden Monika und Bernd eingeladen. Der Weg ist nicht weit, nur ein paar hundert Meter Luftlinie von der Kirche aus gesehen. Aber es war dunkel, kalt, windig und nass. Doch wir wurden erwartet. Das gastliche Haus war hell erleuchtet, und wir traten ein. Es roch nach Kamin, Nelken, Zimt, Lebkuchen und Punsch – nein, es roch nach Willkommen! Was für ein wunderbares Gefühl, durchgefroren und ein bisschen müde einen warmen Raum zu betreten, umgeben von Menschen, die einem wohlgesonnen sind.

Unwillkürlich fragte ich mich, wie es wohl vor 2000 Jahren war – zwei Menschen, verzweifelt auf der Suche nach Herberge, verbunden mit dem furchtbaren Gefühl, nicht willkommen zu sein. Und wie vielen Menschen geht es gerade jetzt, ganz aktuell genauso? Wo können sie Herberge finden? Wo ist eine offene Tür, hinter der sie jemand herzlich willkommen heißt? Wo eine warme Mahlzeit, ein warmes Feuer und Begegnung mit Menschen, die sie sehen und hören?

Ich hatte schon nach ein paar hundert Metern das dringende Verlangen, endlich anzukommen. Doch anders als die viele Menschen, die auf der Flucht vor Krieg, Zerstörung und Gefahr sind, hatte ich die wunderbare Gewissheit, dass ich erwartet werde und eine Tür weit offen für mich ist. Und ich wusste: Ich finde eine gastliche Herberge.

Es war ein wundervoller Abend, umgeben von herzlichen Gastgebern, freundlichen Menschen, Lachen und Frohsinn und voller guter, tiefer Gespräche. Was für ein Geschenk!

Herberge – ankommen – willkommen sein. Das nahm ich als den »guten Geist der Weihnacht« aus den Gesängen und den Begegnungen in dem gastlichen Haus mit, welches mir eine kleine Zeit lang Herberge bot.

Die Tage nach Weihnachten sind dann mit weiteren Festvorbereitungen für das Jahresende ausgefüllt. Die meisten Menschen haben frei, tauschen Geschenke um und lesen die Bücher, die unter dem Weihnachtsbaum lagen. Ich war schon immer eher ein Silvesterfan. Ein ideales Fest, um das Vergangene Revue passieren zu lassen und sich auf einen Neuanfang einzustellen. Ein Rückblick auf das eigene Leben – gibt es einen besseren Zeitpunkt, Gott? Die Partys an diesem Tag sind meistens feucht-fröhlich und gesellig. Ich habe wie viele andere Menschen auch immer einige Vorsätze, die ich im nächsten Jahr umsetzen möchte. Einer davon ist zu überleben, Gott. Und das kann ich nur mit deiner Hilfe.

Wenn Ralf und ich uns das Feuerwerk anschauen, habe ich immer ein bisschen Angst. Die Frage, ob ich beim nächsten Silvester noch dabei sein werde, drängt sich mir unweigerlich auf. Du gibst mir in Bezug auf diese Frage keine Sicherheit, aber die Zusage und die Gewissheit, dass du immer bei mir sein wirst, Gott, die hast du mir schon lange gegeben. Deshalb ist an diesem Silvesterabend mein Vorsatz für das neue Jahr, mich jeden Tag daran zu erinnern, dass es so ist.

Das »kleine Schwarze«

Frau braucht es! Unbedingt! Und gerade jetzt zu Silvester, der Hochsaison der Partyzeit. Ich habe verschiedene Varianten: mit angeschnittenem Arm, ohne Arm und mit Dreiviertelarm. In schwarz und in schwarz und in schwarz. Ich liebe sie! Alle! Man kann sie wunderbar kombinieren: mit High-Heels, Booties, Stiefeln, Jeansjacken, Strickjacken und mit allen Farben. Aus Seide, Stretch oder Baumwolle.

Bei uns in der Stadt macht leider gerade eine kleine, schnuckelige Boutique zu. Räumungsverkauf, 50 Prozent auf alles! Nichts wie hin – obwohl ich natürlich eigentlich gar nichts brauche. Denn wie gesagt: Ich habe mehrere »kleine Schwarze«. Aber ich will ja auch nur mal gucken!

Der Laden ist voll. Logisch, denn es gibt wirklich außergewöhnliche Sachen und nicht nur die ganz normalen Standardkleider. Ich schaue durch die verschiedenen Ständer, und ehe ich mich versehe, gehe ich mit sechs (!!!) Kleidern in eine gerade frei gewordene Umkleidekabine. Vier davon sind schwarz (eines mit Spitze, eines mit Chiffon), eines rot und eines schwarz mit bunten grafischen Mustern.

Ich probiere eins nach dem anderen an. Mist! Sie passen alle – außer dem Roten. Ein Glück! Erleichtert trage ich es sofort wieder zum Ständer zurück. Ein rotes »kleines Schwarzes« habe ich nämlich noch nicht, und das hätte mich doch sehr in Versuchung geführt.

Aber was mache ich mit den restlichen fünf? Ein »kleines Schwarzes« mit Spitze habe ich schon. Aber eines mit Chiffon noch nicht. Die anderen beiden sind nur schwarz. Langweilig, habe ich auch schon mehrfach. Also werden diese drei ebenfalls zum entsprechenden Ständer zurückgetragen. Kaum habe ich das mit Spitze zurückgehängt, reißt es eine andere Frau heraus und freut sich sichtlich, es ergattert zu haben. Sofort frage ich mich, ob ich es nicht doch hätte gebrauchen können ... Egal! Ist jetzt eh zu spät. Ich habe ja noch zwei »Geiseln« in meiner Umkleide-Kabine: das Kleid mit Chiffon und das schwarz-bunte Schlauchkleid. Ich probiere beide umgehend noch einmal an. Beide sitzen perfekt und stehen mir wirklich sehr gut, finde ich. Mist, Mist, Mist! Zwei Kleider kaufe ich auf gar keinen Fall! Eigentlich brauche ich ja nicht mal eines!

Das schwarze Chiffonkleid ist wirklich sehr festlich. In Gedanken spiele ich mögliche Trageszenarien durch. In absehbarer Zeit ist keine Gelegenheit in Sicht, es anzuziehen. Oder doch? Man weiß ja nie ...

Kurzentschlossen trage ich es ebenfalls zurück – und prompt greift die Frau von eben wieder danach und schleift die Beute in ihre Kabine. So ein Ärger! Ich Dummie hänge offensichtlich die besten Stücke zurück. Bevor mir das mit dem kleinen bunt bedruckten Schwarzen auch passiert, presche ich zur Kasse und bezahle schnell!

Ha – ein echtes Schnäppchen! Die andere Frau bekommt das jedenfalls nicht! Und so ein buntes, »kleines Schwarzes« habe ich ja auch noch nicht!

Ich habe es jetzt innerhalb einer Woche zu zwei verschiedenen Anlässen getragen (unterschiedlich kombiniert – mal leger und einmal festlich) und jedes Mal einige Komplimente kassiert! Perfekt! Ich liebe meine neues buntes »kleines Schwarzes«!

Vaterunser

Hallo Gott,

ich werde dich auch dieses Mal nicht fragen, wie du das zulassen konntest, denn es war die Tat von verwirrten Seelen – von Menschen. Und ich frage auch nicht, warum so viel Not und Leid durch die Kriege in Syrien, Nigeria, Afghanistan und in vielen anderen Ländern herrscht. Tausende Flüchtlinge sind im Mittelmeer ertrunken. Dort, wo ich schon oft Urlaub gemacht habe. Asylunterkünfte brennen fast jede Nacht. Terroranschläge in Jerusalem, Aleppo, Palmyra, New York, Boston und Paris. Unterschiedliche Gruppierungen, die sich dazu bekennen – alle mit dem Anspruch, in deinem Namen zu handeln. In den Abendnachrichten Bilder von überfüllten Booten und Zügen, erschöpften Mütter mit Kindern auf dem Arm, Toten in einem Lastwagen und einem ertrunkenen kleinen Jungen am Strand ... Mit Tränen und Grausen wende ich mich von den Bildern ab.

Gott, wie kann es sein, das Millionen reiche Menschen diesem Leid tatenlos zusehen – so wie ich? Ich bitte dich oft, mich handlungsfähig zu machen. Es sind nur so kleine Dinge, die ich tue. Und ich schäme mich, nicht mehr zu helfen.

Du sprichst in deinem Buch oft über das Helfen und über unsere Aufgabe, den Schwachen, Armen, Kranken und Notleidenden zu helfen. Und ich habe das selbst sehr oft erfahren. Wo wäre ich ohne die liebevolle Unterstützung von Familie und Freunden? Ich hatte immer ein Dach über dem Kopf, genug zu essen und (reichlich) Kleidung. Nie musste ich mir Sorgen um meine Grundbedürfnisse machen. Wohl aber um meine Gesundheit und mein Leben. Dennoch ist mein Schicksal – wenn man es so nennen will – verglichen mit dem Leid vieler tausend anderer Menschen wohl eher unwichtig im großen Weltgeschehen. Umso dankbarer bin ich dir, Vater unser, dass du mich nicht vergessen hast.

Und danke, Gott Vater, für die Gewissheit, immer von der Liebe und Fürsorge meiner Familie und meiner Freunde umgeben zu sein und in einer verhältnismäßig sicheren Umgebung ohne wirtschaftliche Not zu leben.

Baba Yetu Yetu Uliye Mbinguni Yetu Yetu Amina

Wenn man Suaheli kann, weiß man, was es bedeutet. Ich kann es leider nicht.

Die älteste Tochter von Ulrike, Anneke, eine junge Studentin, schickte mir einen Youtube-Link mit diesem Lied. Sie schrieb gleich eine englische und deutsche Übersetzung dazu. Es bedeutet: »Vater unser im Himmel. Amen.«

In den letzten Tagen haben mich wie Millionen andere Menschen auch die Ereignisse in Paris sehr beschäftigt. In meinem neuen, »pinken Leben« gehöre ich zur schreibenden Zunft. Aber nicht nur deshalb schockierte mich diese unfassbare Tragödie so. Es ist vielmehr der

Hass und der vermessene Glaube, dass Gott Menschen braucht, die in seinem Namen töten und Leid bringen, um seinen Willen durchzusetzen.

Ich glaube an einen Gott der Liebe, des Vergebens, der Toleranz und der Güte. Das alles passt nicht zu der »Botschaft«, die die Terroristen verkünden. Und sie erreichen damit gerade das Gegenteil! Millionen Menschen solidarisieren sich, stehen Schulter an Schulter, Arm in Arm auf der Straße und gedenken der Opfer. Unabhängig von Religion, Herkunft oder Geschlecht. Sogar politische Gegner haken sich unter und stehen gemeinsam gegen Hass und Terror! Wenn das keine gute Botschaft ist. Baba Yetu Yetu Uliye Mbinguni Yetu Yetu Amina!

Die großen Weltreligionen haben ein gemeinsames Manifest gegen den radikalen Terrorismus im Namen Gottes verfasst. Dass alle ein gemeinsames Schriftstück unterschreiben und sich dahinter versammeln können, hat es so auch noch nicht gegeben. Wie wunderbar wäre es, wenn nach all dem Blutvergießen jetzt endlich die Bereitschaft zum Gespräch und zur Versöhnung da wäre.

In der Zeitung steht heute ein Text, der auf einem Plakat bei der Demonstration in Paris zu finden war: »Islamist zu sein und in einem koscheren Supermarkt zu enden. Eine Zeitung zu töten und in einer Druckerei zu sterben. Wenn Gott existiert, hat er Humor.« Ich glaube, dass Gott nicht darüber lacht, sondern dass er traurig ist. Darüber, dass verwirrte Seelen so viel Leid anrichten. Und ich glaube, dass wir jetzt die Chance haben, die Welt ein kleines bisschen besser zu machen – mit Liebe, Güte, Verständnis und Toleranz!

Baba Yetu Yetu Uliye Mbinguni Yetu Yetu Amina!

Neue Brillen

Hallo Gott,

ich schreibe und schreibe und schreibe. Und es geht mir immer besser. Wenn ich morgens wach werde, freue ich mich darauf, meinen Laptop aufzuklappen und loszuschreiben. Mir ist klar, dass ich damit einen Teil meines »Traumas« verarbeite. Aber das ist nicht der Grund, weshalb ich schreibe. Ich weiß, dass viele Menschen in einer ganz ähnlichen Situation sind oder waren. Das Gefühl, nicht alleine zu sein, hat mich immer getragen. Und vielleicht ist es dein Anliegen, dass ich es weitererzähle.

Durch Andreas, den Mann meiner Freundin Nicole, habe ich Frau D. kennengelernt. Sie arbeitet als Coach in Bremen. Als ich die Idee mit meinem Blog konkretisieren wollte, gönnte ich mir eine Beratung bei ihr, um mich zu sortieren und Handlungsstrategien und Ideen zusammenzuführen. Das war wirklich sehr effektiv, und du, Gott, hast mir genau die richtige Trainerin dafür geschickt.

Dass mich das Schreiben dieser Briefe irgendwohin führen würde, Gott, ahnte ich. Aber wohin genau, wollte ich herausfinden und vereinbarte darum wieder einen Termin bei Frau D. Da wir uns schon kannten, wusste ich in etwa, was mich bei dieser warmherzigen, kompetenten und empathischen Frau erwartete. Und sie kannte meine Lebensgeschichte. Du weißt, Gott, dass ich mich eigentlich für eine gut strukturierte, reflektierte und zielstrebige Frau halte. Ich weiß grundsätzlich, was ich will – und erst recht, was ich nicht will! Frau D. zeigte mir jedoch, dass es durchaus hilfreich ist, mal durch eine andere Brille auf die Situation zu schauen. Vielleicht sollte ich das öfter einmal tun, Gott?

Disney-Methode

Ich habe mir kürzlich ein Coaching gegönnt. Ich kannte Frau D. bereits und freute mich sehr auf den Termin. Im Coaching geht es darum, mithilfe bestimmter Methoden eine Idee, ein Problem oder eine Situation zu betrachten und Handlungsmöglichkeiten zu entwickeln. Das meint nicht, dass der Trainer, die Trainerin einem sagt, was und wie man etwas tun soll. Es ist eher so etwas wie Hilfe zur Selbsthilfe: gemeinsam erarbeitet man Handlungsoptionen.

Frau D., die ich als sehr kompetent kenne, schlug nach einem kurzen Gespräch vor, mit der »Disney-Methode« zu arbeiten. Mir sagte das überhaupt nichts und sie erklärte es so:

Walt Disney, der sehr kreativ war, sei, wenn er neue Ideen hatte, durch drei Räume gewandert, um drei imaginäre Personen zu treffen, mit denen er sein Projekt besprechen wollte. Es geht dabei also um drei verschiedene Blickwinkel, um Ziele und Visionen zu konkretisieren. Im Folgenden nimmt man also drei »Rollen« ein:

Der Träumer:
Ideenlieferant und Visionär, ist subjektiv und enthusiastisch.

Der Realist:
Macher, ist pragmatisch und praktisch.

Der Kritiker:
Fragensteller und Qualitätsmanager, ist herausfordernd.

Ich musste also mein Projekt aus der jeweiligen Perspektive betrachten. Das war offen gestanden gar nicht so einfach! Der Träumer war mir irgendwie am vertrautesten, denn Ideen, die mich sofort begeistern, habe ich reichlich. Auch der Realist war mir nicht fremd, denn wenn ich meine, eine gute Idee zu haben (und natürlich finde ich alle meine Ideen gut!), gehe ich üblicherweise sofort daran, sie praktisch umzusetzen.

Tja, und der Kritiker? Den mochte ich nicht so gerne. Die Rolle fand ich anstrengend und fordernd. Der Kritiker war wie ein Kleid, das mir nicht passte und mich einengte, das ich aber zu einem bestimmten Anlass tragen sollte.

Dieses Rollenspiel wurde insgesamt dreimal wiederholt, und langsam fand ich den Kritiker gar nicht so schlecht. Hatte ich doch zunehmend das Gefühl, er wolle mich vor Enttäuschungen bewahren. Er wurde also zu einem Freund. Naja, zumindest zu einem Teil des Ganzen. Interessant! In der letzten Runde betrachtet man das Ergebnis noch einmal aus der Metaebene – also das gesamte Bild sozusagen von oben. Ich hatte meine Idee durch jede »Brille« angeschaut. Die rosarote/pinke Brille des Träumers (fand ich immer noch am besten!), die handwerkerhosenblaue Brille des Realisten/Praktikers und die schwarze Brille des Kritikers.

Ich kam nicht umhin zuzugeben, dass jede Brille/Perspektive ihre Berechtigung hat. Jede Rolle war ein Teil des Ganzen, und alle hatten das Recht, gehört zu werden. Das Coaching mit der »Disney-Methode« bestärkte mich darin, meine Idee voller Enthusiasmus voranzutreiben, aber durchaus Schwierigkeiten, die sich auftun könnten, in Betracht zu ziehen.

Jetzt wird der Kritiker vielleicht sagen: »Das hätte man auch ohne Coaching wissen können!« »Ja vielleicht«, wird der praktische Realist entgegnen, »aber manchmal muss man Dinge laut aussprechen, damit sie wirklich in der Realität sichtbar werden.« »Und«, sagt der träumende Visionär, »so hatte ich ein neues Thema für meinen Blog!«

Nach dem Termin bei Frau D. begab ich mich hinreichend motiviert und voller Elan mit meiner jetzt gut durchdachten Idee auf Verlagssuche. Ich hatte aber mal wieder keine Ahnung, wo du mich genau hinführen würdest und was für ein holpriger Weg das werden würde. Ich sagte mir beziehungsweise dir, Gott, von Anfang an: Wenn du willst, dass das Buch veröffentlicht wird, werde ich – mit deiner Hilfe – den richtigen Verlag finden. Ich hatte schon zwei (Fach-)Bücher geschrieben, dieses gehörte aber in ein anderes Genre. Das hieß, ich musste einen Verlag finden, bei dem mein Projekt ins Programm passt.

Wer sich einmal mit dem Verlagswesen beschäftigt hat, weiß, was für ein unüberschaubarer Dschungel das für einen Laien ist. Es gibt alleine in Deutschland über 2200 Verlage. Gott, ich verbrachte viel von deiner geschenkten Zeit mit der Recherche und dem Erstellen eines Exposés. Hoffnungsfroh trug ich viele Umschläge zur Post. Bestenfalls bekam ich eine Rückmeldung, dass das vorgestellte Projekt eben nicht ins Programm passt. Meistens hörte und las ich gar nichts von den angeschriebenen Verlagen. Zu einigen mir wichtig erscheinenden Unternehmen nahm ich telefonischen Kontakt auf. Drei- oder viermal bekam ich eine »Quasi-Zusage«, doch als es konkreter wurde, machten die Verlage beziehungsweise die Marketingleute einen Rückzieher. Es waren eher kleinere Verlage, die ich angeschrieben hatte, die aber einen Anspruch hatten, der mir passend schien. Alle bescheinigten mir, dass die Idee für das Buch gut wäre und meine Schreibe sowieso. Das machte es aber eigentlich noch frustrierender, denn du weißt, Gott, ich bin im Wortsinn ein blauäugiger Mensch und ich glaube, was man mir zusagt. Dann rief mich der Verlagsleiter eines sehr großen Publikumsverlags an und forderte weitere 100 Seiten des Manuskriptes an, da er sehr angetan war. Ich jubilierte! So nah dran war ich noch nie. Ich schickte die angeforderte Leseprobe und bat dich, Gott, den Verlagsleiter für mich zu gewinnen. Einen Woche später erhielt ich einen Anruf …

Luxusprobleme

Mir geht es richtig gut. Ich habe alles, was man sich nur wünschen kann! Ich habe die tollste Familie der Welt, die besten Freunde, bin auf dem Weg der Heilung und wohne in einem schönen Haus! Bin ich zufrieden? Nein! Warum nicht? Mein Projekt ist (zumindest vorläufig) gescheitert! Und ich bin enttäuscht, traurig, frustriert und auch ein bisschen wütend. Auf wen? Auf alle und am meisten auf mich selbst! War ich nicht gut genug!? Habe ich versagt?! Sch... Schade!

Ich habe mich jetzt zwei Tage richtig in meinem Frust gesuhlt und war geneigt, mein Projekt endgültig zu begraben und etwas ganz anderes zu machen. Und ich glaube, es war genau richtig, diese Gefühle zu pflegen, auch wenn ich eher zu der Fraktion der Menschen gehöre, bei denen das Glas halb voll ist.

Ein »Spiegel – Wissen« zum Thema »Richtig scheitern« sprang mir schier ins Auge, nach dem Motto: »Ich habe auf dich gewartet!« Und ich muss sagen, es hat mir auch sofort gefallen. Nun gibt es jede Menge Management-Trainer, Unternehmensberater, Coaches und so weiter, die Fehler und Scheitern als Chance verkaufen. Ich kenne dieses Blaba lange und gut und habe es, offen gestanden, auch selbst an mein Team weitergegeben. Richtig daran geglaubt habe ich aber nicht. Wenn man ein Projekt vergeigt, ist es eben vergeigt! Und nicht immer hat man die Möglichkeit, es zu retten oder erneut zu versuchen.

Oder doch? Kommt wohl auf die Umstände an. Bei meinem Projekt habe ich jedenfalls die Möglichkeit, weiterzumachen. Zumal ich sogar aus berufenem Mund dazu motiviert wurde. Aber ich brauchte die zwei Tage, um genau dahin zu kommen.

Meine lieben Mitmenschen mussten einiges aushalten. Ulrike habe ich am Telefon eine halbe Stunde lang vollgejammert, wie furchtbar alles ist. Sie ertrug es stoisch und hörte einfach zu. Eine geniale Fähigkeit von ihr! Ralf hörte ebenfalls zu und machte mir Mut. Barbara dagegen schimpfte mit mir und befahl mir, mich jetzt mal gefälligst zusammenzureißen und weiterzumachen.

Perfekt! Genau das hatte ich von jedem Einzelnen gebraucht! Und so sammelte ich all das Gesagte, knüllte es zusammen, schluckte es, verdaute es – und mache ab heute weiter!

Fazit: Ich darf mir die Zeit nehmen, die ich brauche, um Trauer, Frust und Zorn auch mal auszuleben. Danach kann ich mich dann gestärkt erneut an die Arbeit machen oder auch Abschied nehmen von einer Idee.

Tatsächlich war ich nah dran aufzugeben – aber du, Gott, gabst mir auch hier die Kraft durchzuhalten. Und ich sollte belohnt werden!

Gute Nachrichten

Hallo Gott,

so viele Ideen, Worte und Sätze hast du mir eingeflüstert. Manchmal konnte ich gar nicht so schnell tippen, wie es mir aus der Feder floss. Uns so schrieb ich unverdrossen weiter. Nach wie vor wurden aus vielen Alltagsbegegnungen Blogbeiträge. Die Besucherzahlen und Seitenaufrufe stiegen weiter, und das motivierte mich natürlich sehr. Ich hielt weiterhin Vorlesungen, schrieb Fachartikel, fuhr oft nach Franken, besuchte meine Eltern und genoss jeden Tag. Es war eine wirklich gute Zeit. Aber ich wusste nur zu gut, Gott, dass diese »gute Zeit« relativ ist ... Denn nach dem Staging ist vor dem Staging.

Ich bekomme den neuen Termin immer zum Abschluss der Untersuchungen. Ich trage ihn in den Kalender ein und verdränge ihn – vergessen kann ich ihn leider nicht. Wie eine Wolke schwebt er erst ganz fern und dann immer näher an meinem Zeithorizont. Meistens wird dieses Wölkchen von der Sonne überstrahlt, aber je näher der Termin rückt, desto mehr schieben sie sich in den Vordergrund.

Und dann ist der Tag da. Ich habe eine gute Stunde Fahrt vor mir und soll schon um 8 Uhr 30 da sein. Dazu kommt, dass mein Kreislauf morgens erst einmal Anlauf nehmen muss. Ich stehe also um 5 Uhr 30 nach einer unruhigen Nacht auf, nehme wegen des Stresses die dreifache Dosis an Hydrocortison und stecke wieder mein Knotenlöserbild in die Hosentasche. Es läuft alles wie immer: Anmeldung, dann in die Radiologie, als erstes das CT. Das Kontrastmittel läuft ein, ich habe ein warmes Gefühl und einen metallenen Geschmack auf der Zunge. Das ist normal und ich kenne es leider nur zu gut. Vorsichtig ziehe ich mich wieder an, um die Braunüle zu schonen, denn sie wird noch für das Kontrastmittel im MRT gebraucht und für die Blutentnahme. Nach dem CT kommt sonst immer das MRT.

Heute gibt es eine Planänderung und es wird zunächst der Ultraschall von allen Lymphstationen und Organen gemacht. Das bringt mich offengestanden ziemlich durcheinander. Abweichungen von der Routine verkrafte ich an diesen Tagen überhaupt nicht. Zum Glück muss ich nicht lange warten, ich habe aber Zeit genug, noch ein schnelles Vaterunser zu beten. Dann darf ich mich nackt und frierend auf die Untersuchungsliege legen.

Glücklicherweise habe ich einen Oberarzt, der mich und meine Vorgeschichte kennt, und er begrüßt mich freundlich. Das Gute beim Ultraschall ist, dass ich den Doktor gleich fragen kann, ob alles in Ordnung ist beziehungsweise ob da »nichts« ist. Und genau das sagt er mir. Ich bin schon mal erleichtert, weiß aber, dass auch das eine relative Aussage ist und erst einmal noch gar nichts heißt, außer, dass die Lymphstationen frei sind. Metastasen auf oder an den Organen sieht man im Ultraschall nicht unbedingt, eher beim CT oder MRT. Und die Gesamtergebnisse werden mir erst mitgeteilt, wenn ich alle Stationen durchlaufen habe.

Trotzdem, Gott, ist das schon mal eine gute Zwischenbilanz und ich lege mich etwas entspannter in das laut wummernde MRT. Ich schließe die Augen, merke nichts von dem Kontrastmittel, mache Atemübungen und eine Gebetsmeditation und rufe mir das Bild von der Hochries und dem Drachenflieger auf. Schließlich habe ich fast zwanzig Minuten dafür Zeit in der Röhre.

Danach kauere ich mich mit vor Nervosität wippenden Füßen auf den unbequemen Metallstuhl vor dem Arztzimmer der Radiologie. Die Tür geht auf und der Oberarzt, der auch den Ultraschall gemacht hat, bittet mich herein. Das ist nicht selbstverständlich, denn häufig befunden andere Ärzte die Bilder.

Sofort wittere ich schlechte Nachrichten und lasse mich nervös auf den mir angebotenen Stuhl fallen. Ich weiß, Gott, auch Ärzte überbringen lieber gute als schlechte Nachrichten. Aber in diesem Moment habe ich nur Mitleid mit mir selbst. Der nette Oberarzt öffnet ein Fenster auf dem übergroßen Bildschirm und sagt, dass das MRT in Ordnung sei. Ich atme erleichtert aus – keine Metastasen im Gehirn. Sehr gut! Er klickt auf weitere Bilder und ich sehe die des CTs. »An Lunge und den anderen Organen ist auch nichts – naja, Sie haben eine Nierenzyste, aber das wissen Sie ja schon.« »Jaja«, beeile ich mich zu sagen, denn ich will jetzt endlich wissen, was mit den doofen Metastasen ist.

»Tja ...«, sagt er etwas gedehnt und mir bleibt fast das Herz stehen. »Die Referenzmetastasen sehe ich nicht mehr.« Es hatte sehr viele unterschiedlich große Lebermetastasen gegeben, sodass man sich drei oder vier in bestimmten Regionen auf den Bildern markiert hatte und dann bei den folgenden Untersuchungen immer dieselben ausgemessen hat, um ein Wachstum festzustellen beziehungsweise auszuschließen, was ja bisher dank dir, Gott, immer der Fall war.

»Wie?«, frage ich. »Was heißt das, Sie sehen sie nicht mehr?« Ich bin verwirrt und weiß nicht, in welchem Film ich gerade bin. »Naja, es sieht so aus, als wären sie nicht mehr da. Und einige der anderen Metastasen erscheinen mir im Vergleich ebenfalls kleiner. Es sind noch welche da. Allerdings scheinen die nicht zu wachsen. Also, im Klartext: Ein paar Metastasen sind verschwunden.« Eine große Leere breitet sich in meinem Kopf aus und ich lache und weine gleichzeitig. Ich kann es kaum glauben, schaffe es aber auch nicht, mehr Fragen zu stellen. Eigentlich will ich auch gar nichts mehr hören. Ich stammele ein schnelles »Dankeschön«, schnappe mir den handschriftlichen Kurzbefund für den Onkologen und gehe wie betäubt durch den Flur.

Tja, Gott: »Sprich nur ein Wort ...« Ich habe immer gehofft und (naja, ehrlich gesagt nicht immer) geglaubt, dass es Wunder gibt. Aber nach dem Staging kann ich durchaus von einem Wunder sprechen, denn die Therapie ist fast drei Jahre her und mit einer zu Beginn 50 prozentigen Reduzierung der Größe der Metastasen und keinem neuen Wachstum war ich schon mehr als nur sehr glücklich, sprach Doc M. doch von einer Remission. Aber das? Die relative Wahrscheinlichkeit zu überleben lag bei weniger als fünf Prozent. Durch das Medikament stiegen die Chancen. Offensichtlich hatte es funktioniert. Aber dass die Metastasen zum Teil ganz verschwinden – das überschreitet jetzt meine Vorstellungskraft. Meine Reise durch mein Leben soll also weitergehen!

Ich hatte keine Worte für ein Gebet, Gott. Ich war sprachlos. Ich konnte nur »Danke! Danke! Danke!« denken.

Glaube, Liebe, Hoffnung, sind für uns Menschen schwer greifbar. Wir können sie nicht (er)messen, und schon wird es schwierig für uns. Du, Gott, kennst meine Affinität zu Zahlen, Maßeinheiten und wissenschaftlichen Fakten. Und das Ergebnis der letzten Untersuchung ließ sich definitiv nicht relativieren. Wunderbar im Wortsinn! Wie sehr wünsche ich mir, Gott, ganz sicher zu sein, wenn es um Glaube, Liebe, Hoffnung geht.

Auf dem Rückweg singe und lache ich die ganze Zeit. Schon öffnet sich wieder eine Tür in die Zukunft und ich genieße es, Pläne zu machen.

Geduldsproben

O Gott,

durch eine lebensbegrenzende Erkrankung werden plötzlich bestimmte Dinge sehr wichtig – zum Beispiel Zeit – und andere dafür wiederum völlig unwichtig. An manchen Sachen beiße ich mich richtig fest (abweichende Laborwerte), und anderes kann ich mit einem milden Lächeln ignorieren (Stau). In vielen Dingen bin ich deutlich entspannter geworden – glaube ich, Gott. Niemand kennt mich besser als du – also, was meinst du?

Dass du mich mit Geduld nicht so üppig bedacht hast, habe ich schon mehrfach angemerkt. Und die Wahrscheinlichkeit, dass Geduld bei mir »nachwächst«, ist wohl nicht so groß. Diese fehlende Geduld bekommen Ralf und Malte und auch meine Eltern gelegentlich leidvoll zu spüren. Natürlich erkenne ich das. Und natürlich wäre ich gerne geduldiger, aber es gelingt mir leider nicht. Gott, über die »Warum-Fragen« haben wir oft gesprochen beziehungsweise darüber, dass ich sie nicht stellen will – dennoch bitte ich dich regelmäßig, mehr Gelassenheit und Geduld in bestimmten Situationen auszugießen. Es wäre doch dann so viel einfacher. Und das nicht nur für mich, sondern auch für meine armen Mitmenschen.

Telefon-Terror

Ich finde es meistens toll, wenn das Telefon klingelt. Jemand ruft an, meine Mutter, eine Freundin oder Ralf. Manchmal sind es aber auch »offizielle« Anrufe, weil etwas zu regeln ist: Versicherung, Bank, Handwerker, Behörden oder Ehrenamt. Kein Problem!

Seit einigen Wochen erhalte ich allerdings Anrufe, bei denen die Rufnummer unterdrückt oder mit 0800 beginnt. Dann gehe ich schon etwas zögerlich ans Telefon oder melde mich nur mit: »Jaaaa, hallo ...?« Ansonsten melde ich mich selbstverständlich mit meinem Vor- und Zunamen.

Meistens sind es irgendwelche Werbeanrufe von Telekommunikationsunternehmen, Stromanbietern, Meinungsforschungsinstituten oder irgendwelche anderen Call-Center-Angestellten, bei denen ich gar nicht verstehe, zu welcher Institution sie gehören. Heute hatte ich schon zwei dieser Anrufe. Beim zweiten Mal (wieso bin ich überhaupt dran gegangen?) habe ich die Dame am Telefon rüde unterbrochen und ihr gesagt, dass ich keine Zeit habe. Bum! Hörer aufgeschmissen. Ich nehme mir fest vor, genauer auf die Nummer zu achten und dann gar nicht erst dranzugehen. Falls es doch wichtig sein sollte, kann man mir ja eine Nachricht auf dem Anrufbeantworter hinterlassen.

Um Mittag herum klingelt mein Telefon schon wieder. Klugerweise achte ich auf die Nummer: 089 – hm, München. Eigentlich erwarte ich keinen Anruf aus München, aber es ist keine dieser 0800-Nummern. Also gehe ich dran. Ich höre ein Rauschen, die Frage, ob ich wirklich ich bin, und dann einen nicht zu verstehenden Namen eines Energieversorgermitarbeiters!

Mist! Reingefallen! Ich bin maximal genervt und schnauze den armen Mann an, dass er wohl wisse, dass Werbeanrufe verboten seien und ich keinesfalls weiter diese Terroranrufe dulden würde, da ich sonst die Polizei, die Gewerbeaufsicht, den Verfassungsschutz ... äh, Verbraucherschutz oder Frau Merkel persönlich informieren würde.

Der Mensch am anderen Ende der Leitung versucht mich mehrfach zu unterbrechen, was mich natürlich überhaupt nicht entspannt, sondern meinen Zorn nur noch weiter anfacht. Ich werde sogar richtig laut und lasse mir noch seinen Namen geben, den ich mir notiere. Dann drohe ich noch einmal mit allen möglichen Behörden, die mir gerade so einfallen. Zornig schmeiße ich den Hörer auf, schnauze, da ich gerade richtig in Form bin, meinen armen Hund an, der den gerade vorbeilaufenden Postboten ankläfft, und gehe zum Briefkasten.

Dort finde ich einen Brief unseres Energieversorgers. Also der, den ich gerade am Telefon hatte. Ich stutze – schaue auf den Namen, den ich mir notiert hatte, und werde fast ohnmächtig vor Scham. Ich kenne den Herrn, den ich gerade angeschrien habe – er ist tatsächlich mein Kundenberater und hat mir vor einem guten halben Jahr bei einer Ummeldung und diversen Fragen sehr freundlich geholfen!

Ach, du meine Güte! Die Schamesröte noch im Gesicht, wähle ich jetzt meinerseits die Nummer vom Kundenservice und habe eine junge Frau dran, die mich leider nicht zu besagtem Herren durchstellen kann. Sie fragt aber nach meiner Auftragsnummer und ob sie mir vielleicht weiterhelfen könne. Ich erzähle ihr die peinliche Nummer, die ich mir gerade geleistet habe, und bitte sie, mich bei dem netten Herrn, dessen Namen ich ja zum Glück habe, zu entschuldigen. Sie lacht ein bisschen verständnislos, verspricht aber, es zu tun – nicht, ohne mir noch einen schönen Tag zu wünschen.

Fazit: Der Erdboden tut sich nicht auf, damit ich darin verschwinden kann, um mich zu schämen. Meine Strafe ist es, heute immer wieder daran denken zu müssen und jedes Mal erneut schamrot zu werden!

Organisation

Ich halte mich für eine Humanistin, Gott. Darum habe ich wohl auch einen helfenden Beruf ergriffen und arbeite im Ehrenamt. Ich mag Menschen und ich glaube an das Gute in ihnen. Und ich glaube auch, dass die Menschen, denen ich begegne, mir wohlgesonnen sind. Tatsächlich habe ich keine wirklich schlimmen Dinge erlebt, die Menschen mir oder meiner Familie angetan haben. Nun bin ich aber auch Realistin und weiß, dass es Menschen gibt, die nicht immer gute Absichten haben. Das zeigt mir schon der Blick in die aktuellen Nachrichten. Trotzdem! Ich mag Menschen. Und ich versuche, ihnen offen, freundlich und ehrlich gegenüberzutreten. Ich sagte Malte schon im Kindergarten, dass er seine Mitmenschen immer so behandeln solle, wie auch er behandelt werden möchte. Das gilt selbstverständlich auch für mich, Gott. Der Vorsatz ist da – aber die Umsetzung!? Ich kann dich eigentlich nur jeden Tag aufs Neue bitten: Mach mich zu einem besseren Menschen. Habe ich doch allen Grund, dankbar zu sein und meiner Umwelt Gutes zurückzugeben!

Es wird Zeit, einmal Ordnung zu schaffen bezüglich der Briefe an dich. Drei Jahre habe ich entgegen allen Prognosen schon überlebt. Drei Jahre, angefüllt mit Glaube, Liebe, Hoffnung. Drei Jahre, in denen ich viel geschafft und gelernt habe – und viel geschrieben.

Zu Beginn schrieb ich oft voller Frust, Zorn, Angst und Unsicherheit. Das ist auch heute manchmal noch so. Aber überwiegend bin ich dankbar und ruhig. Ich weiß nicht, wie viel Zeit du mir noch schenken wirst. Und der nächste Stagingtermin steht in ein paar Wochen an. Vielleicht habe ich noch weitere Jahre vor mir, vielleicht auch nicht. Die letzten drei habe ich trotz aller Höhen und Tiefen sehr genossen, und ich kann voller Überzeugung sagen: Ich habe sehr gut gelebt.

Du hast mir den Wunsch nach einem normalen Alltag mit Ordnung und Stabilität erfüllt. Nur du weißt, was das Schreiben für mich bedeutet. Es ist ein Teil meiner (neuen) Identität geworden. Ich weiß nicht, was noch daraus wird. Jetzt habe ich erst einmal einen wunderbaren Verlag gefunden. Nein, du hast ihn für mich gefunden, das weiß ich ganz sicher! Vielleicht gibt es weitere Briefe an dich oder auch ganz neue Dinge, die auf mich warten. Ein oder zwei Ideen hätte ich schon (die hast du mir schon wieder zugeflüstert, stimmt's?). Vielleicht sind sie wieder gut genug, um sie zu veröffentlichen. Wer weiß? Aber ich bin mir sicher, dass ich weiter schreiben werde.

Schreibwaren

»Hallo, ich heiße Corinna und bin süchtig nach Schreibwaren.« Stopp! Ich möchte niemanden lächerlich machen oder diskriminieren. Auch nicht mich selbst!

So eine Schwäche ist nicht schlimm. Na gut, es ist neben dem Sammeln von Schuhen eine weiter Obsession von mir. Was mir eigentlich zu denken geben müsste. Tut es aber nicht, denn ich kann es reflektiert begründen ☺: Schreibmaterialien gehören zu meinem Job. Ich liebe schreiben. Und dazu braucht man Equipment. Ha – gutes Argument!

Stimmt so aber nicht ganz, denn ich arbeite überwiegend mit meinem Laptop oder Tablet. Natürlich brauche ich auch ab und zu Zettel und Stifte und auch mal einen Ordner, aber sicher nicht in der Menge, wie ich es gestern mal wieder für nötig befunden habe.

Ich war schwer begeistert, als mein Sohn in die Schule kam und er eine Grundausstattung an Heften, Blöcken und Stiften brauchte, die jedes Jahr zu Schuljahresbeginn neu angeschafft werden mussten. Ich drängelte mich manchmal ein bisschen vor, denn je älter mein Sohn wurde, desto selbstverständlicher regelte er diese Dinge alleine.

Einer meiner Traumberufe wäre Verkäuferin in einem Schreibwarenladen (oder einem Schuhladen oder einer Eisdiele). Bei uns gibt es einen großen Büroausstatter, der solche Dinge überreichlich hat. Sobald ich auch nur einen Briefumschlag brauche, fahre ich dorthin und komme mit neuen Stiften, Ordnern, Karteikarten, Registern, Radiergummis (ich schreibe nie mit Bleistift), Klarsichtfolie und so weiter aus dem Geschäft. Ein ewiges Rätsel ist es, warum dann trotzdem IMMER Druckerpatronen fehlen, die es dort natürlich auch gäbe, die ich aber mit schöner Regelmäßigkeit vergesse.

Jedenfalls bin ich wohl etwas zwanghaft, was Organisation, Ordnung, Ablage und Dokumentation betrifft, und entsprechend sieht auch mein Schreibtisch aus: systematisch aufgeräumt und organisiert. Jeglicher Papierkram wird in die dafür reichlich vorhandenen Ordner abgeheftet, und alles ist entsprechend schnell auffindbar, was große Vorteile hat.

Auch meine Schreibprojekte haben entsprechende Ordner (mit Register). Mir gefällt das: So behalte ich den Überblick. Das ist doch eigentlich etwas Positives, hat aber, wenn ich mal etwas »rumpsychologisiere«, wie mein guter Freund Manfred immer sagt, vielleicht etwas damit zu tun, dass ich auch mein Leben gerne geordnet hätte. Eine Illusion?! Ich glaube schon.

Mein Leben war in den letzten drei Jahren nach der Krebsdiagnose alles andere als organisiert. Wie gerne hätte ich Dinge ad acta gelegt, weggeheftet oder systematisch abgearbeitet. Es ist mir nicht gelungen. Und trotzdem sind wundervolle, geschenkte Jahre dabei herausgekommen. So bunt, wie es das schönste Register nicht sein kann.

Fazit: Auch unorganisierte Dinge haben ihre Berechtigung, und ich werde trotzdem weiterhin im nächsten Schreibwarenladen in einen Konsumrausch geraten.

Als ich den ersten »pinken« Artikel schrieb, dann mit dem Blog anfing und dir Briefe schrieb, Gott, tat ich das, weil ich gerne schreibe. Die daraus resultierende Dynamik habe ich total unterschätzt, und dennoch genieße ich es, dass ich Menschen erreichen kann.

Ein häufiges Gebet beziehungsweise einen Auszug daraus, den ich oft gedacht, gesprochen und gebetet habe, wird Franz von Assisi zugesprochen: »Herr, mache mich zum Werkzeug ...« »Deines Friedens«, geht es wohl weiter. Das habe ich immer weggelassen, denn so friedlich bin ich nicht. Aber Werkzeug zu sein, diese Vorstellung gefiel mir schon immer gut. Ein Hammer bin ich wohl nicht, vielleicht eine (Kneif-)Zange oder ein Schraubenzieher (ich überdrehe manchmal die Situation), eine (Nerven-)Säge, ein Schraubenschlüssel, ein Nagel? Vielleicht bin ich sogar ein ganzer Werkzeugkoffer, so wie ihn mein

Schwiegervater Walter Ralf geschenkt hat und Ralf für Malte zusammengestellt hat, als er in seine Studentenwohnung zog.

Es war ein Bitte an dich, Gott, meine Fähigkeiten einsetzen zu dürfen, um etwas von der Liebe zurückzugeben, die ich erfahren habe. Und offensichtlich gehört bei mir das Schreiben dazu.

Das alles machte mir Mut, und du weißt ja, Gott, wie hartnäckig oder auch penetrant ich sein kann. Und so kann auf den Tag genau drei Jahre nach meiner Re-Neck-Desertion die Zusage, dass mein Buch angenommen ist – ausgerechnet von dem Verlag, der in der Nähe unseres zweiten Zuhauses ansässig ist und aus dessen Programm ich viele Bücher von Pater Anselm im Regal stehen habe. Das ist auf keinen Fall Zufall, sondern dein Werk, gütiger Gott! Das weiß ich dieses Mal ganz genau!

Einen richtigen Beruf habe ich nicht mehr, aber meine Berufung hast du, Gott, mir gezeigt: das Schreiben. Ich weiß auch, dass genau das neben vielen anderen Dingen zu meinem Heilungsprozess dazugehört. Aber das alleine hätte nicht ausgereicht. Nur deine große Gnade und Güte, Gott, hat mich hierher gebracht! Danke!

Karla Kolumna

Jeder oder zumindest fast jeder kennt sie, meist durch die Hörspielkassetten oder CDs der Kinder oder Enkelkinder. Sie ist die rasende Reporterin bei Benjamin Blümchen. Tö-röööö!

Schreiben ist mein Ding, das weiß ich schon lange. Zwei Bücher und viele Fachartikel habe ich schon veröffentlicht. Und ich arbeite an einem neuen Buchprojekt. Es ist fast fertig.

Kürzlich machte mich Ulrike auf eine Anzeige in unserer Tageszeitung aufmerksam. Es wurden »freie Journalisten« mit einer »flotten Schreibe« gesucht. Ob das nichts für mich wäre, fragte sie. »Nee, auf Schützenfestberichte und Taubenzüchterversammlungen habe ich keine Lust!«, schlug ich ihr Ansinnen ab. Ich finde übrigens solche Veranstaltungen gut und wichtig, es ist aber nicht meine Welt.

Ulrike insistierte auf ihre feinfühlige Art und überredete mich, doch wenigstens mal nachzufragen, was genau da eigentlich zu tun wäre. Kurzentschlossen rief ich an, erzählte, was ich bisher schreibtechnisch vorzuweisen hatte, und bekam prompt ein paar Tage später die Einladung zu einem Vorstellungsgespräch. Der Redakteur war von meinen Leseproben sehr angetan und ließ sich schnell auf meine Bedingungen ein, dass ich mir Geschichten aus unserer Region suche und darüber einen Artikel schreibe.

Tja, und so bin ich jetzt als freie Journalistin alias Karla Kolumna unterwegs. Ich habe schon einige Artikel veröffentlicht und viele weitere Ideen. Das genieße ich sehr und ich lerne jeden Tag etwas Neues!

Ich glaube ganz fest daran, dass das Schreiben für mich ein ganz wichtiger Bestandteil auf meinem Heilungsweg ist. Und ich bin fest überzeugt, dass jeder von uns, wirklich jeder, ganz besondere Talente geschenkt bekommen hat. Man muss sie nur entdecken und sich dann trauen, sie auch zu nutzen.

Mein hochgeschätzter Lieblingsautor Ernest Hemingway sagte: »Wahre Ernsthaftigkeit in Bezug auf das Schreiben ist eine von zwei absoluten Notwendigkeiten. Die andere, unglücklicherweise, lautet Talent.«

Und Talent, so finde ich, liegt immer im Auge des Betrachters. Nicht jeder mag Hemingway. Und ob meine Schreibe nun flott ist oder nicht, darüber darf jeder seine Meinung haben. Mir macht es jedenfalls wahnsinnig viel Freude, und ich werde mich nicht vom Schreiben abhalten lassen.

Kleines Glossar medizinischer Begriffe

Anaphylaktischer Schock: Lebensbedrohliche, allergische Reaktion.

Biopsie: Feinnadel-Punktion.

Braunüle: Venenkatheter oder Infusionsnadel.

Dormicum: Hypnotikum/Sedativ = Beruhigungsmittel, Bestandteil der Narkose.

DRG: Diagnosis Related Groups; Klassifikationsmodell für Erkrankungen, um mit den Kostenträgern/Krankenkassen abzurechnen.

Hämoglobin (Hb): Roter Blutfarbstoff.

Interferon: Körpereigener Stoff, der bei verschiedenen Erkrankungen eingesetzt wird und sehr starke grippeähnliche Symptome verursacht.

Kontrast-CT: Computertomographie/Schichtröntgen mit Kontrastmittel.

Metastasen: Tochtergeschwulst/Absiedlungen des Tumors in andere Körperregionen oder Organe.

MRT: Magnetresonanztomografie, bildgebendes Verfahren, umgangssprachlich »Kernspin« genannt

MS: Multiple Sklerose, degenerative Muskelerkrankung.

Pain Nurse: wörtlich »Schmerztherapieschwester«; spezialisiertes Pflegepersonal, das in Absprache mit den Ärzten selbstständig die Schmerzbehandlung der Patienten überwacht.

Palliativ Care: Begriff, der alle Bereiche der Versorgung und Begleitung unheilbar Schwerkranker und Sterbender umfasst.

PET-CT: zwei bildgebende Verfahren (Röntgen), die dann miteinander verbunden werden.

Redon: Wundsekret/Blut wird unter Sog nach außen abgeleitet.

Remission: Stillstand der Erkrankung, zeitweise oder dauerhaftes Nachlassen von Krankheitssymptomen, jedoch keine Heilung.

Re-Neck-Desertion: Wiederholte Lymphknotenausräumung.

Rezidiv: Wiederauftreten oder Rückfall der Erkrankung.

Staging: bezeichnet die Diagnostik, die zur Beurteilung der Ausbreitung des Tumors/der Metastasen gemacht wird. Auf dieser Basis wird die weitere Therapie geplant.

Tumormarker: Bluttest, der etwas über die Aktivität/Wachstum der Tumorzellen aussagt.

Danksagungen

... kommen immer zum Schluss und würden eigentlich ein zweites Buch füllen.

Danke sagen möchte ich vielen Menschen: meinen beiden Männern Malte (ewiger Sonnenschein, Optimist, Humorist, Weisheiten-des-Tages-Verbreiter und Mut-Macher) und Ralf (Seelenverwandter, Liebe meines Lebens, Sterne-vom-Himmel-Holer und mein Herz), meiner wunderbaren Mutter (stärkste und klügste Frau, die ich kenne, und mein Vorbild), meinem großartigen Vater, der alles für mich tun würde, sogar den Himmel für mich pink anstreichen, wenn ich ihn darum bitte. Dann meinen Schwiegereltern Marianne und Walter (eingeschlossen meine wunderbaren Schwägerinnen und Schwager sowie Neffen), die immer sehr verständnisvoll und zur rechten Zeit zur Stelle waren. Meiner Barbara (Uli und die drei Mädels eingeschlossen) für das Lachen, das Weinen, das Singen, das Shoppen, das Wandern und das Zuhören. Ulrike (Manfred und die zwei Mädels eingeschlossen) fürs Laborwerte-Vergleichen, medizinische Optionen-Diskutieren, Essen-Bringen, fürs Schweigen und fürs Reden (mit besonderen Worten) zur richtigen Zeit. Astrid (Thomas und die beiden Mädels eingeschlossen) für das unaufdringliche Dasein und die Lachattacken.

Meinem Onkologen Doc M. (ohne dessen Wissen, Intuition und »göttliche Gabe« ich nicht mehr leben würde) und meinem Bio-Doc S. für alle zur Verfügung gestellten Infos und die genau richtige Dosis von Humor und Ernsthaftigkeit. Kerstin, Christoph und Johanne – meinem therapeutisches Team, die aber weit mehr waren! Seelenpflaster wurden geklebt, wenn ich am Boden war, der Kopf wurde zurechtgerückt, wenn ich ausflippte, ihr habt mich geerdet, wenn ich abhob, und mit mir gelacht, wenn Freude angesagt war. Und das immer zur richtigen Zeit!

Martin für seine Worte, Gebete, Segnungen, Salbungen und den »Knotenlöser«. Margarete und Familie fürs Beten, Kerzen Anzünden, dran Denken, für die lieben Worte und stillen, festen Umarmungen.

Andreas und Nicole, die wichtig waren, mich schrittweise mit meinem neuen Körperbild anzufreunden und die den Kontakt zu Frau D. herstellten, sowie Frau D. selbst, der es gelang, meine unsortierten Ideen in eine Struktur zu bringen.

Olly (und seinen beiden bezaubernden Mädels) für die tollen Fotoshootings, die ein heilender Teil meines neuen Körperbildes waren, und das Anteilnehmen. Anette und Bernd für die ungezählten Gebete, Mails und Anrufe, garniert mit Bibelsprüchen, die sehr oft eine Entscheidungshilfe waren. Und nicht zuletzt allen ungenannten Freunden, die mit einer Million Kleinigkeiten an meiner und unserer Seite waren.

Nicht zu vergessen Frau Fritsch, meiner extrem geduldigen Lektorin, der empathischen Frau Rabeler und dem gesamten Vier-Türme-Verlag für Herzlichkeit und Unterstützung.

Ohne sie alle hätte ich es sicher nicht bis hierher geschafft.

Doch nichts, gar nichts wäre passiert ohne Gott. Er ist immer mitgegangen und hat mich getragen, wenn meine pinkfarbenen Schuhe zu sehr drückten und ich nicht mehr weitergehen konnte.